툭 까놓고 재벌

국립중앙도서관 출판예정도서목록(CIP)

```
툭 까놓고 재벌 / 지은이: 이동형. -- 서울 : 왕의서재, 201
6
    p. ;   cm

ISBN 979-11-86615-16-4 03900 : ₩13000

재벌(기업)[財閥]
한국 경제[韓國經濟]

324.5-KDC6
338.644-DDC23                      CIP2016016112
```

툭 까놓고 재벌

초판 1쇄 발행   2016년 7월 20일
초판 3쇄 발행   2016년 8월 22일

지은이   이동형
펴낸이   변선욱
펴낸곳   왕의서재
마케팅   변창욱
디자인   책은우주다

출판등록   2008년 7월 25일 제313-2008-120호
주소   서울시 양천구 목동서로 186 성우네트빌 1411호
전화   02-3142-8004
팩스   02-3142-8011
이메일   kinglib@naver.com
블로그   blog.naver.com/kinglib

ISBN   979-11-86615-16-4 03900
책값은 표지 뒤쪽에 있습니다.
파본은 구입하신 서점에서 교환해드립니다.

「이 도서의 국립중앙도서관 출판시도서목록(CIP)은 서지정보유통지원시스템 홈페이지(http://seoji.nl.go.kr)와
국가자료공동목록시스템(http://www.nl.go.kr/kolisnet)에서 이용하실 수 있습니다.(CIP제어번호: CIP 2016016112)」

툭

그토록 숨겨두고 싶었던
대한민국 재벌의 탄생과
성장 이야기

까놓고
재벌

이동형 지음

재벌의 탄생과 성장에 관한 날것 :
총체적 난국의 한국 경제를 납득하게 되는

재벌(財閥), 외국 영어 사전에도 한글 발음 자체로 기재하는 이 개념은 한국만이 가진 독특한 대기업집단 문화다. 영어사전에 재벌은 Chaebol로 기재되어 있고 그 뜻은 다음과 같다. 'large, usually family-owned, business group in South Korea, 혹은 a South Korean conglomerate, usually owned by a single family, based on authoritarian management and centralized decision making' 콕 짚어 한국 대기업 집단을 재벌로 묘사하는 것이다.

외국에도 대기업이 많을진대 왜, 유독 한국에서 대기업만을 '재벌'이라며 다르게 설명할까? 아마도 선진국 대기업 중에서 주식회사를 자기 가족회사라 여기고 족벌경영을 하면서 골목시장부터 금융, 언론을 비롯해 초정밀 고부가가치 산업까지 할 수 있는 한 모든 분야에 진출하지 않은 곳이 한국 재벌 말고는 찾아볼 수 없어서일 것이다. 그럼, 왜 우리 재벌들은 예외 없이 전문분야와 무관하게 이렇게 문어발 확장을 하는 것일까? 또 왜 회사를 '자기 것'이라고 인식하는 것일까?

정답은 의외로 간단하다. 재벌 대부분이 자수성가가 아니라 '특혜'를 받아 탄생했고 성장했기 때문이다. 재벌은 일제가 남긴 '적산기업'을 손쉽게 불하받아 기업을 일굴 수 있었을 뿐만 아니라 박정희 시대의 고도경제성장기에 정경유착으로 인한 '특혜'라는 단물을 받아 먹어가면서 성장할 수 있었다.

이렇게 '땅 짚고 헤엄치기'식으로 돈을 벌었는데 그런 기업에 어떻게 '기업이념'이 있을 수 있고 '기업가치'가 있을 수 있겠나? 이런 기업에 어떻게 '기업의 사회적 기여' 따위를 바랄 수 있겠는가 말이다. 첫 단추, 중간 단추가 잘못 끼워졌으니, 옷을 제대로 입을 수 없는 건 당연한 노릇이다. 그런데도 그네들은 자신들을 선택받은 특권층이라고 여기는 듯하다.

편법을 써가며 단 한 자리 숫자의 지분만을 가지고도 그룹 전체를 좌지우지하는 모양이나 경영능력 검증이 이루어지지 않은 자식들, 혹은 여러 차례 시험에서 실패한 자녀들에게 수만 명 직원의 생계가 달린 거대회사를 턱턱 맡기는 꼴만 봐도 알 수 있는 노릇이다.

삼성에서 근무하다 퇴직한 뒤, 삼성 문제를 폭로한 김용철 변호사는 자기 책《삼성을 생각한다》에서 이건희 일가의 특권의식을 꼬집었다. 다음은 그 내용 중 일부.

이건희 생일잔치에 온 손님들에게는 식전 와인, 식간 와인, 식후 와인으로 상당한 수준의 것이 제공되고 애피타이저로는 푸아그라 요리, 메인 요리로는 와규(일본에서 키운 소) 등심에 트뤼프 버섯으로 만든 소스가 나온다. 이건희 가족들의 테이블에는 프랑스에서 항공기로 공수된 냉장 푸아그라가 제공됐다. 반면, 다른 테이블에는 냉동 푸아그라가 제공됐다. 와인도 마찬가지였다. 이건희 가족의 테이블에는 천만 원짜리 페트뤼스 와인이 있었지만 손님 테이블에는 이보다 훨씬 싼 다른 와인이 있었다. 손님을 초대해 놓고 손님에게는 주인보다 더 싼 음식을 제공하는 게 예의가 아니라는 생각도 하지 못했다. 이런 무례한 태도의 배경에는 이건희 일가가 마치 왕족이나 귀족처럼 신분이 다른 사람들이라는 생각이 있다. (…)

2002년 10월 타워팰리스가 첫 입주자를 받을 무렵 이건희는 "입주자 자격 심사를 하라"고 했다. 황당했다. 타워팰리스가 군사시설이라도 된다는 말인가. 이건희가 무슨 권한으로 입주하겠다는 사람을 막겠다는 것인가.

당시 이건희는 삼성 고위 임원, 변호사, 의사 등 전문직으로 성공한 사람, 문화, 학술계 유명인사 등을 입주 자격으로 내세웠다.

이건희는 일종의 우생학적인 생각을 품고 있었던 듯하다. 뛰어난 사람들을 따로 골라내서 그들이 대중과 섞이지 않도록 해야 한다는 생각 말이다. 순수혈통을 고집하는 배타적인 인종주의를 떠올리게 하는 태도인데 아마 이건희가 생각하기에 가장 우월한 인종은 삼성 고위 임원이었을 게다.

타워팰리스 안에는 '게스트룸'이라는 게 있다. 손님이 묵는 방이다. 외부인과 섞이기 싫다는 발상이 그대로 녹아있는 건물 설계인 셈이다. 손님이 오면 집에서 재우는 게 예절에 맞다. 그러나 타워팰리스는 손님을 집 바깥에 있는 게스트룸에서 재우도록 설계돼 있다. "잘난 사람들은 못난 사람들과 섞여 지내면 안 된다."는 발상이 녹아 있는 건물구조다.

대중이 넘보지 못하는 성을 쌓고자 했던 까닭에 외부인은 타워팰리스 입구에서 신분증을 보여줘야만 들어갈 수 있었다. 손님을 배려하기는커녕 오히려 모욕하는 구조다. 이런 아파트는 한국에서 처음이었다. 군사시설이 아닌 일반 주거지에서 외부인 출입을 통제한 사례는 외국에서도 찾기 힘들게다. (…)

제일모직을 운영하는 이건희의 둘째 딸 이서현은 "100만 원짜리 옷을 만들어 봤자 누가 입겠느냐"는 말을 한 적이 있다. 100만 원짜리 옷이 너무 비싸서 안 팔릴 것이라는 뜻이 아니다. 그 반대다. 너무 싸구려 옷이라서 사람들이 입고 다니기 창피해 할 것이라는 이야기였다. (…)

이건희, 이재용, 홍라희 등 이건희 일가는 자신들이 보통 사람들과 신분이 다르다고 믿었다. 그래서 그들은 보통 사람들과 따로 떨어져 살고 싶어 했다. 이건희의 집이 있는 이태원동, 한남동 일대에는 리움미술관을 포함해 승지원, 이재용의 집, 딸들인 이부진, 이서현의 집 등이 몰려있다. '그들만의 마을'이 형성된 셈이다.

리움미술관을 세운 목적 가운데 하나가 '그들만의 마을'과 관계가 있다. 미술관이 이건희 일가의 집들을 보호하는 요새 역할을 하도록 한 것이다. 고가의 미술품이 있는 미술관에 도둑이 드는 것을 막는다는 핑계로 경비원을 대거 배치했다. 사실상 '그들만의 마을'에 일반인이 접근하는 것을 막기 위해 배치된 경비원들이다.

이런 특권의식이 비단 삼성가의 전유물이겠는가? 자기 둘째 아들이 술집에서 시비 끝에 폭행당하자 경호원, 용역업체 직원 등을 대동하고 보복폭행에 나섰던 한화 김승연, 28억5,300만 원이라는 세금을 내지 않고 버텼던 코오롱 이동보, 청문회장이나 국정감사장에 증인으로 채택됐지만 이를 무시하고 출석조차 하지 않았던 한진 조남호, 롯데 신동빈, 신세계 정용진, 현대 정지선 등도 특권의식으로 똘똘 뭉친 재벌총수들이다.

(김승연은 재판정에서 "검사님은 복싱에 대해서 아나? 야구를 몇 번 돌렸다", "내가 때리다 때리다 지쳐서 애들 시켜서 대신 때리게 했거든", "검사 양반은 술집 한 번 안 가봤어요?"라는 일반인으로서도 상상하기 어려운 증언을 쏟아냈다. 특권의식이 몸에 배어 있지 않다면 나올 수 없는 발언들이다.)

한국 재벌들은 망각이 습관이 된 동물들이다. 자신들 선대가 국가로부터 갖은 특혜를 받고 편법으로 성장해 오늘에 이르렀다는 사실을 깡그리 잊고 자기들이 잘 나서, 혹은 남들과는 다른 특별한 종자여서 금수저를 입에 물고 태어났다고 생각한다. 노동자나 중소기업 하는 사람들은 머리가 좋지 않거나 게으르므로 그 모양으로 산다고 생각하는 모양이다. 그렇지 않다면 저런 태도가 나올 수 없다.

그러나 착각하지 마시라. 이 나라를 이만큼 만든 주인공은 재벌들 덕이 아니다. 근로기준법이 어떻게 생겨 먹었는지도 모른 채, 저임금을 받으며 노동력을 착취당했던 노동자들과 뛰어난 기술과 열정을 가졌음에도 승자독식 구조에 갇혀 재벌 몰아주기에 희생당한 중소기업들이다. 삼성이 망하면 이 나라가 망한다고? 천만의 말씀. 삼성이 망하면 이 나라는 더더욱 살기 좋은 나라가 될 것이다.

삼성이 갖은 특혜와 특권으로 시장을 독과점하면서 부당하게 이득을 취하는 그 모든 부분이 중소·중견 기업으로 돌아온다고 상상해 보라. 비전과 열정 있는 수천, 수만 개 중소기업이 한국 경제 기초를 탄탄하게 받치면서 대기업과 상생 관계를 유지하고 동반 성장하는 것을 생각해 보라. 그렇게 되어야만 1%가 아닌 99%가 혜택받는 건강한 나라가 되리라고 나는 확신한다. 일본이 패망한 뒤, 맥아더는 일본 굴지의 기업 '미쓰이'를 해체했는데 그러자 튼튼한 중소기업 200여 개가 탄생했다.

"핀란드의 모든 것"이라던 노키아, "노키아가 망하면 핀란드가 망한다."고 그렇게 떠들어댄 사람들과 전문가가 많았는데 결국 어떻게 됐나? 핀란드가 망했나? 천만에, 핀란드는 노키아가 건재할 때보다 더욱더 경제의 기초체력이 좋아졌다.

"재벌해체론"이 괜히 나오는 메뉴가 아니다. 2010년 대한무역투자진흥공사(KOTRA) 자료로는 한국에 기업 수는 312만5,457개다. 독자들은 이 중에 대기업 숫자가 얼마나 되리라고 생각하시는가? 대기업 숫자는 고작 187개에 불과하다. 비율로 따지면

0.00006%다. 이런 비율로 시장을 독점해 하청업체를 쥐어짜거나, 골목상권으로 진격해 서민들 생계를 위협하는 것이 대한민국 재벌의 현주소다.

그네들 고용수준은 어떤가? 대기업이 엄청나게 고용을 창출하고 대기업 없으면 취업 자체가 불가능하다고 떠들어 대지만 실상은 전혀 그렇지 않다. 대기업이 고용하는 수준은 전체 산업규모의 7.5%에 지나지 않는다. 그런데 그들은 "경기가 좋지 않다.", "내수시장이 얼어붙었다.", "수출이 불황이다." 같은 협박성 발언을 일삼으며 전기요금은 일반가정보다 싸게 공급받고 법인세는 깎아달라고 뻔뻔이 요구하는 등 비과세혜택, 감세혜택이 자기네에 더 돌아와야 한다고 외치고 있다.

실제로 "친기업"을 강조한 이명박 정부가 들어서고 나서 법인세 감면혜택은 해가 갈수록 늘어났다. 국세청이 2012년 10월 2일 국회에 제출한 '상호출자제한기업집단 신고현황'에 따르면 53개 재벌 기업이 감면받은 법인세는 2007년 2조6,960억, 2008년에 3조3,393억 원, 2009년에 3조4,625억, 2010년에는 3조6,902억 원이다.

'경제민주화'하겠다고 공약하고 당선된 박근혜 정부에서도 변한 건 없다. 박근혜 정부 첫해인 2013년에는 7조370억 원의 법인세를 깎아 주었다. 더 놀라운 것은 전체 기업이 받은 법인세 감면액 중, 중소기업이 차지하는 비율이 3.1%에 지나지 않는다는 점이다. 나머지 96.9%는 재벌들 몫이었다.

그렇게 해서 아낀 돈을 연구개발(R&D)에 재투자하고 고용창출에 투자해서 사회로부터 번 돈을 어느 정도는 다시 사회에 돌려주어야 옳다. 그게 기업윤리고 사회로부터 막대한 이득을 얻은 기업이 할 최소한의 의무다.

이명박, 박근혜 정권이 줄기차게 재벌들에게 세금감면 혜택을 준 것도 바로 그렇게 하라는 데 있다. "세금 깎아주면 기업들이 스스로 국내 투자를 늘려 일자리가 창출될 것이고 그에 따라 소득과 소비 증가가 일어나 내수가 살아날 것이다."라는 기대였다. 그러나 재벌들은 그렇게 하지 않고 있다. 2004년에서 2008년까지 기업 설비투자 연평균 증가율은 5.24%였는데 본격적으로 감세 혜택을 본 2009년부터 2013년까지 설비투자 연평균 증가율은 3.52%에 그쳤다. 고용창출이 없었음은 물론이다.

재벌은 정부 혜택으로 돈을 벌어 국내에 투자하지 않고, 외려 값싼 노동력이 풍부한 해외로 눈을 돌렸다. 조선일보 2014년 7월 21일 자 보도로는 삼성전자와 현대자동차의 2010년 이후, 고용 순증(純增) 인원이 국내에서는 각각, 2만1,000명, 6,400명에 불과하지만, 국외 고용 순증 인원은 삼성전자 11만 명, 현대차는 1만8,000명 늘어난 것으로 나타났다. 이것이 현실이다. 부자에게로 들어간 돈은 절대 돌아 나오지 않는다.

(30대 재벌의 2014년 사내유보금은 500조2,000억 원으로, 2010년 330조1,000억 원보다 170조1,000억 원(51.5%) 증가했다. 반면 재벌들의 실물투자액은 2010년 62조4,000억 원에서 2014년 64조6,000억 원으로 2조2,000억

원(3.5%) 증가하는 데 그쳤다.)

세금감면 혜택으로 부를 쌓은 뒤, 투자나 고용창출은커녕 이를 금고나 부동산에 박아두는 게 다다. 특히, 대한민국에선 이 일종의 알박기 규모가 다른 나라보다 더 크다. 자산을 부동산에 박아두기만 하면 몇 년 뒤, 몇 배로 뛰어오르는데, 뭣 하러 투자하고 고용 늘리는 멍청한 짓을 하겠나?

돈은 부자가 아니라 서민에게 몰아줘야 마땅하다. 그래야 돈이 돌고 돌아 내수경제가 발전한다. 수출로 먹고사는, 절약이 미덕이 되던 사회는 이제 끝이 났다.

그런데도 이 나라 재벌들은 "파이를 키워야 먹고살 수 있다."는 60년대 논리를 들고나오질 않나, 보수정권 지도자와 정당들은 그 허황한 구호를 열심히 쫓아 서민들 지갑 털어 재벌들에게 갖다 바치질 않나, 이 나라 미래는 온통 먹구름으로 뒤덮여 있다.

지금 재벌은 특별한 존재가 아니다. 그 선대인 창업주들도 마찬가지다. 재벌 창업주들은 보통사람들보다는 가진 게 많았고 서민들에게는 없는 조력자가 있었으며 시대적 운이 맞아 떨어져 남들과는 다른 삶을 살았다.

한편 재벌 창업주들이 항상 성공의 비결로 포장하고 주장하는 '남다른 아이디어, 독창성, 결단력, 과감성' 같은 요소들은 성공이나 출세하고 나서 결과를 정당화하려고 나오는 "신화 만들기"일 뿐이다. 단, 성실함과 노력은 인정하겠다.

우리네 보통 아버지들, 할아버지들도 다 부지런하고 성실하게 살았다. 거저 놀고먹던 사람들이 어디 있었겠나? 하는 일과 위치만 달랐을 뿐이지 스스로 혹은 가족들 먹여 살리려고 새벽이슬 맞으며 나갔다가 밤별 보고 들어오던 사람들이 우리네 가장들 모습이었다.

이제 그 알량한 특권의식은 강바닥에 갖다 버리기 바란다. 재벌 당신네 할아버지들이 성공한 비결이라고 해봐야 국가가 준 온갖 특혜와 밀어주기였다는 점을 망각하지 마라. 이 사실을 쉬이 잊어버리니 2세, 3세로 내려와도 이 특권의식이 사라지지 않는 것이다. 재벌 그들은 어떻게 지금의 반열에 올라설 수 있었을까? 지금부터는 재벌 탄생과 성장에 얽힌 날것을 보여줄 참이다.

차례

1장 —— 재벌의 탄생

2장 —— 재벌의 성장 I

3장 재벌의 성장 Ⅱ

4장 초등학생도 알 걸? 재벌, 네 가지만 지켜라

1장

재벌의
탄생

적산과 불하 일제가 남긴 산업 시설들을 헐값에 가져간 그들 **두산 박두병** 두산상회의 박가분부터 기린맥주 불하 그리고 동양맥주 창립까지 **선경 최종건** 선경직물 불하, 이승만 정부의 구제 **한화 김종희** 조선화약공판주식회사 불하, 한국화약 창립 **대성 김수근** 조선연료 불하, 대성산업공사 설립, 그리고 연탄가스 중독사태에 이르기까지 **쌍용 김성곤** 쌍용그룹의 모체인 금성방직 설립, 운크라(UNKRA) 원조자금 특혜 **원조 자금** 운크라(UNKRA, 유엔한국재건단), ICA(국제협조체), PL(미국 공법)—480호의 원조자금으로 만들어진 삼성물산과 기타 기업들 **박정희 정권에서 승승장구한 김성곤** 자유당 재정부장에서 박정희 정권의 공화당 재정위원장까지 검은돈을 쥐락펴락했던 인물의 성장과 급속한 몰락 **한진 조중훈** 이연공업사 설립부터 한진상사, 미군 독점사업, 월남전 독점사업, 대한항공공사(KAL) 인수까지

적산과 불하

적산(敵産, enemy property)은 적국이 남긴 재산을 뜻한다.

적산은 1945년 8·15 광복과 함께 일본인이 남기고 간 재산으로서 토지·광산·공장·점포·유가증권·자동차·선박·기계·가옥 등 모든 자산을 일컫는다.

해방 뒤, 일제가 남긴 수많은 산업 시설들은 일본 패망과 함께 한반도에 임자 없는 재산으로 남게 됐다. 미 군정과 그 뒤를 이은 이승만 정부는 적산을 정부 재산으로 귀속하고 민간업자들에게 불하(拂下, 국가재산 또는 공공재산을 개인에게 파는 것)했다.

문제는 적산을 시장가격보다 훨씬 낮게 팔아넘겼다는 것이다. 거의 무상이라고 봐도 이상하지 않을 정도였다. 미 군정은 1947년부터 적산 불하를 시작했는데, 판 가격은 당시 기준이 아닌 1945년 6월, 혹은 1944년 가격으로 했고 장부가격이 표시되지 않았을 때는 해당 업체 재산관리관이 적정하다고 판단하는 가격을 기준으로 했다.

해방 이후 일어난 극심한 인플레이션으로 봤을 때,(1948년 서울 도매물가지수는 1936년을 기준으로 67배, 1944년을 기준으로 8배나 뛰어 있었다.) 해방 전 가격으로 적산을 불하했다면 이 적산을 넘겨받은 민간인들은 엄청난 특혜를 입었다고밖에 볼 수 없다.

또 하나 미 군정은 불하받는 민간인들에게 장기신용대부 혜택도 주었으니, 당시 조선 경제 80%가 적산 기업으로부터 나왔다는 점을 고려해보면 어마어마한 혜택이다.(해방 당시, 조선인 자본으로 세워진 산업시설은 단 6%에 그쳤다.)

돈이 없어도 국가로부터 돈을 빌려 그 돈으로 적산 기업을 인수하고, 갚을 때는 천천히 갚으면 되니 이보다 더 손쉬운 장사가 어디 있으랴! 적산 기업에 공장도 기계도 기술도 있었으니 적산을 인수한 민간인들에게는 그야말로 '땅 짚고 헤엄치기'식으로 돈을 벌었다.

이 좋은 먹잇감을 두고 쟁탈전이 벌어지지 않을 수 없을 터, 극심한 로비가 벌어진다. 앞다퉈 달려간 인간들은 일제식민지 시대 때 상대적으로 혜택을 입어 돈 좀 만져본 작자들이었고, 이들은 불하 권리를 쥐고 있던 미 군정 간부들에게 로비를 시도한다. 한국 경제에서 폐악이라고 불리는 '정경유착'의 고리가 탄생하는 순간이었다.

적산을 불하받은 민간인들은 원조물자 독점 배당, 저리의 금융 특혜, 독과점, 짬짜미(담합) 등 온갖 특혜를 업고서 재벌로 성장해 나간다. 이 또한 일제강점기 때 나라 독립을 위해 애써 일했던 사람들이 대접받지 못하고 그 대신 '식민지 조선'에 부역했던 사람들이 부를 쌓고 살아가게 할 발판을 마련해 주었으니 여러모로 적산 불하는 우리 사회에 부담으로 작용했다.

적산 기업뿐만이 아니라 적산 가옥도 문제투성이었다. 기본적으로 적산 가옥은 한 사람이 한 채씩만 불하받게 되어 있었다. 그러나 이북에서 내려온 월남민들이 증가하고, 광복으로 외국에서 고향으로 돌아온 사람들이 늘어나 주택이 턱없이 모자랐고, 투기꾼들은 분분히 편법으로 적산 가옥을 두어 채 산 뒤, 프리미엄을 붙여 되팔았다.

이런 편법, 불법, 적산취득으로 빚어진 문제점은 하층계급에까지 미쳐 방공호 한 칸에 세가 3,000원을 호가하게 됐고 이를 감당하지 못한 사람들은 산등성이 무허가 판잣집으로, 토굴로 쫓겨났다.

조선인을 착취하고 수탈해서 지어진 그 가옥들은 해방되고 당연히 조선인들 품으로, 즉 공공재산으로 돌아와야 한다. 그러나 결과는 위에 본 것처럼 일부 특권층들이 부를 쌓는 도구로 변질하고 말았다. 일그러진 부의 편중 현상은 지금까지도 이어져 우리 사회를 괴롭히는 몹쓸 고질병이 됐다.

미 군정은 독립을 위해 투쟁했던 식민지 조선에 어떤 사정이 있는지 몰랐고 공부도 하지 않았다. 그저 시끄럽지 않고 자기들 말에

복종할 하수인이 필요했고 그런 인력은 36년 일제강점기 동안 일제에 부역한 인사들로 남한에 차고 넘쳤다.

미 군정이 제일 처음 한민당과 손을 잡은 이유도 그래서였다. 영어로 통역할 수 있는 자를 우대해줬던 이유도 한민당과 이승만, 미 군정의 밀월관계가 가능하게 한 원천이 됐을 것이다.

상황이 이렇게 돌아가니 여운형 등이 준비한 '건국준비위원회(건준)'와 중국에서 김구 등이 활약했던 '임시정부(임정)'는 미 군정에 철저히 무시당했다.

김구가 귀국할 때 임정 자격이 아닌 개인 자격으로 귀국한 까닭도 미 군정이 임정을 인정하지 않았기 때문이다. 미 군정이 여운형과 김구를 무시한 다른 이유 중에는 '한반도 내에서 자본주의 실현'이라는 미국이 추구하는 목표도 있었을 것이다.

미 군정이 봤을 때 여운형의 건준은 좌파단체였고, 설상가상 임정은 미 군정 통치에 고분고분하지 않았다. 한국 사정에는 '깜깜이'였던 미 군정이 건준이 뭔지 인민위원회는 또 뭔지 알 턱이 없었다.

미 군정 사령관 하지(John Reed Hodge)는 조선에 들어온 직후, 일제 관료 출신들과 우파들 말만 듣고 인민위원회를 해체해 버리고 일제강점기 때 활약했던 관료들, 경찰들, 공무원들을 자기들 군정 통치에 도움이 된다며 불러들였다.

미 군정이 우리 독립운동사를 알았다면, 자기들 체제유지 수단으로 친일한 장본인들을 다시 부르는 일은 없었을 것이다. 소련이 친일파들을 숙청하고 인민위원회를 인정한 것과는 차이가 나는 대목이다.(하지와 스티코프의 개인 역량 차도 있었을 것이다. 남한에 입성한 하지는 조선이라는 나라를 몰랐고, 북한에 입성한 스티코프는 상대적으로 조선이 벌인 항일투쟁을 알고 있었다. 그렇기에 해방 당시 38선 이북 주민들은 소련군대를 해방군으로 생각하고 환영했고, 그 진입을 긍정적으로 생각했다.

그러나 이후 소련군은 살인, 방화, 약탈, 강도, 강간 등의 만행을 자행했고, 이에 주민들은 실망감을 느끼고 반감을 품기 시작했다. 이에 대한 함석헌의 회고는 이렇다. "소련군이 들어오자마자 온 시내는 공포 기분에 쌓이게 됐다. 첫째로 한 것은 상점 약탈이었고 그다음은 여자 문제로 '어디서 여자가 끌려갔다, 어디서 무슨 일이 있었다.' 하는 소리가 들려왔다."

실제 소련군은 압록강 수력발전소를 대표로 각종 공장, 철광산 등의 주요시설을 강제로 철거해서 소련으로 가져갔고, 이외에 소 15만 마리, 말 3천 마리, 돼지 5만 마리를 소련으로 약탈해갔다. 심지어 쌀을 소련으로 많이 가져가서 물가까지 상승할 정도였다. 신의주에 있는 '청산병원'에는 소련군에 윤간을 당해서 치맛자락에 유혈이 낭자하고 의식불명의 빈사 상태인 피난민 여성이 리어카로 실려 온 경우도 있었다.)

일제에 부역했던 인사들이 아무런 제재 없이 사회로 복귀하니 인민위원회는 반발했고 한국 사정을 전혀 몰랐던 미군은 이를 폭력으로 진압했다. 결국, 이들 중 일부가 폭력을 피해 산으로 들어갔고 이들은 훗날 빨치산이 되어 버렸다.

건준을 몰랐던 미 군정이 여운형이 누군지 어떻게 알았으랴? 미군이 인천 앞바다에 내렸을 때 여운형은 '조선건국준비위원회 위원장' 자격으로 하지에게 친서를 보냈지만 하지는 이 편지를 받지 못했다. 이에 대한 여운형의 증언. 여운형은 1947년 7월, 김용중에게 보낸 편지에서 당시 상황을 다음과 같이 설명했다.

미군이 서울에 입성한 것은 1945년 9월 9일이었소. 미군의 상륙 직전 나는 내가 위원장으로 있는 건국준비위원회의 대표로 동생 여운홍과 백상규, 조한용 씨를 인천에 파견했소. 나는 하지 장군 앞으로 보낸 편지에서 우리가 해방된 데 대한 기쁨을 표현하고 조선 인민은 미군과 협력하길 원한다고 썼는데, 이 편지는 하지 장군의 보좌관에게만 전해졌고 그에게는 전달되지 않았소. 그렇소, 미군의 상륙 전부터 음험한 영향력 때문에 형세는 내게 불리하게 움직였소.

하지와 여운형의 첫 대면은 미국이 남한에 주둔하고 한 달이 지난 시점에서야 이뤄졌다. 그럼, 왜 하지와 여운형의 만남이 이런 우여곡절 끝에 이뤄졌나? 하지와 여운형 사이에 그들을 이간질했던 친일파 오긍선이 끼어 있었기 때문이다.(여운형이 말했던 "음험한 영향력") 한민당 계열이던 오긍선은 하지가 한국에 왔을 때 그의 통역을 담당했다. 오긍선은 하지에게 "건준은 일본과 협력한 한

■ 존 하지. 그는 아시아는 물론 한국에 대해서도 무지했다. 이런 역사의식 결여는 정치적 무능으로 표출되어 미 군정 시대는 극심한 혼란으로 빠져들었다.

인 집단에 의해 조직됐으며, 그 수장인 여운형은 한인들에게 잘 알려진 부일 협력 정치인"이라고 여운형과 건준을 매도했다.

더 나아가 오긍선은 하지와 송진우, 조병옥, 윤보선 등의 만남을 주선했는데 하지와 만난 이들도 하지에게 "여운형과 건준은 빨갱이에다 친일파였다."고 주장하니, 하지는 이 말을 철석같이 믿을 수밖에 없었다. 하지는 여운형과 처음 대면하는 자리에서 악수하며 이렇게 말을 꺼냈다.

하지   What connection have you with the Jap?
　　　　(일본과는 어떤 관계가 있는가?)

여운형 None
　　　　(없다)

그 뒤 하지와 여운형이 나눈 짤막한 대담은 이렇다.

하지   How much money did you receive from the Jap?
　　　　(일본으로부터 얼마나 돈을 받았는가?)

여운형 None
　　　　(없다)

심지어 하지는 여운형에게 "당신이 갱단의 두목이라는 말까지 들었다"고 했다. 하지가 여운형을 어떻게 인식했는지 잘 보여주는

■ 존 하지는 김구는 물론, 이승만과도 정치적으로 대립하고 갈등했다.

장면이다.

해방 직후 여운형은 조선 백성이 가장 존경하던 정치 지도자였다. 이는 해방 후 실시한 첫 여론조사 결과만 봐도 알 수 있다. 월간 「선구」1945년 12월 호에 게재된 이 조사는 "조선을 이끌어갈 양심적 지도자는 누구인가?"라는 항목의 설문으로 1945년 10월 10일부터 11월 9일 사이에 실시했는데, 결과는 33%의 지지를 받은 여운형이 단연 1등이었다. 2위가 21%를 차지한 이승만, 3위가 18%를 획득한 김구, 4위는 16%의 박헌영, 5위가 12%의 이관술, 김일성이 9%로 6위, 최현배와 김규식, 서재필 등이 뒤를 이었다.(이승만이 김구를 앞선 데는 이유가 있다. 환영인파 없이 개인 자격으로 쓸쓸히 귀국한 김구와 달리 이승만은 맥아더 전용기를 타고 미 군정 후광을 등에 업으며 거대한 환영인파 속에 입국했다.

이승만과 김구의 위치는 해방공간에서 이렇듯 천양지차였다. 미 군정이 김구와는 달리 이승만을 띄워준 탓에 이승만이 돌아오고 나서 그를 보러 '이화장'으로 몰려가는 사람들이 구름과 같았다. 권력 속성을 아는 하이에나들이 그렇게 많았다는 뜻이다.

이승만을 보려고 하는 사람이 너무 많자 이승만이 "앞으로 나는 단체의 수장 이외에는 만나지 않겠다."고 만남에 제약까지 두었으나 이는 무용지물이었다. 이승만을 만나려고 하룻밤 사이에 각종 단체가 만들어진 것이다. 돈과 권력이 있는 곳에 사람이 모이는 것은 동서고금을 막론하고 어디에나 있는 모양이다.)

이렇듯 조선 백성들의 신망과 존경을 한몸에 받던 여운형마저 "일본 앞잡이"로 보았던 미 군정이 조선 실상을 제대로 파악했을 리 만무하다.

결국, 미 군정은 백성들 바람과는 달리 자본가와 지주들 손으로 만들어진 한민당 계열, 이승만처럼 영어가 가능했던 미국 유학파, 조선 백성의 원수 친일관료 출신들과 손을 잡았다.

적산은 그렇게 자연스레 이들 손아귀에 넘어갔다. 일제가 남기고 간 자산은 분명 모든 조선 백성들 것일진대 미 군정은 귀속재산이란 명분으로 모두 몰수했다가, 싼값에 자본가들에게 넘겨버렸다.

이어 등장한 이승만 정부의 적산 불하도 미 군정이 한 짓과 별

차이가 없었으니 일제 강점기에 수탈은 민중들이 당하고 그 반사이익은 자본가들과 지식인들이 가져간 셈이다.

1947년 미 군정이 적산을 불하한다고 발표했을 때, 한민당을 제외한 남한 모든 정당과 사회단체는 대부분 강력한 반대 의사를 표명했다.

이들이 적산 불하를 반대하고 나선 이유는 '적산을 지금 불하하면 결국 소수 자본가와 부정한 관료들에게 재산이 돌아가 생산증강 효과는 물론 거주의 안정도 기대할 수 없다.'고 봤기 때문이었다. 그러나 미 군정은 적산을 불하했다.

1961년 쿠데타로 정권을 잡은 박정희는 부정부패를 없앤다는 명목 아래 부정축재자 명단을 발표하고 자본가들이나 정치인들을 잡아들였는데 부정축재자 중, 적산 불하 때 뇌물이나 정치자금을 바친 혐의로 조사받은 사람이 절반을 넘었다.

일제가 남기고 간 적산을 물려받아 손쉽게 재벌을 일군 기업 1세대 창업주들이 대표적으로 삼성 이병철, 한화 김종희, SK 최종건, 두산 박두병, 한진 조중훈 등이다.

두산 / 박두병

두산그룹 창업자는 박두병이다.

그러나 박두병의 아버지인 박승직이 없었다면 지금 두산그룹
은 존재하지 않았을 것이다. 박두병은 아버지가 닦아놓은 터를 발
판 삼아 적산 기업인 기린맥주를 불하받았고 그 기린맥주가 지금의
OB맥주가 된 것이다. 두산그룹은 그 출발이 역시 적산과 불하였다.

박두병의 아버지 박승직, 창씨명은 미키 쇼우쇼크(三木承稷)다. 그
는 1864년 음력 6월 22일에 태어났고 이날은 훗날 두산산업의 창
립기념일이 된다.

박승직의 아버지 박문회는 농사를 지었는데 당시 세도가였던
여흥 민 씨의 땅을 소작했다. 당시는 민비가 국정을 좌지우지할 때

여서, 민 씨라면 묻지도 따지지도 않고 벼슬을 내릴 때였으니 민영완이라는 자가 해남군수로 가게 된다. 이때 민 씨 가문에서 소작을 부쳐 먹던 박문회의 아들 박승직이 민영완을 따라 해남으로 내려가게 됐다.(박용만 두산 회장이 2006년부터 '배오개에서 해남까지'라는 타이틀로 매년 국토종단을 하는 것도 두산과 해남의 이런 인연 때문이다.)

■ 박두병 회장. 두산의 시작은 박승직 상점이었지만, 박승직의 아들, 박두병이 없었다면 지금의 두산은 존재할 수 없었다. 출처: 자유경제원 갤러리

민영완이 박승직의 총명함과 부지런함을 높게 산 듯 보인다. 박승직은 해남에서 장터를 돌아다니며 장사를 배운다. 첫 장사는 석유 판매로, 75냥 주고 산 석유를 115냥에 팔아 40냥 정도의 차익을 보았다. 이후, 피륙 장사에서는 115냥을 주고 산 피륙을 되팔아

500냥을 만들었다. 가난한 농사꾼 아들이 장
사라는 위력을 알게 된다.

박승직은 1882년부터 본격적인 장사군의
길로 들어섰다. 일반 백성이 집에서 짠 면포를
사서 시장에 내다 파는 보부상을 시작한 것이
다. 그러나 곧 보부상이 지닌 한계를 절감하고
1889년에 260냥을 주고 종로4가 92번지 배오
개에 집을 사 1896년, '박승직 상점'을 개업한
다. 취급품목은 포목이었다.(지금 이 자리는 공원
이 조성되어 있고 두산 100주년 기념탑이 세워져 있
다. 탑 아래에는 두산그룹에서 만든 타임캡슐이 묻혀
있다.)

이때부터 그는 "배오개의 거상"으로 불리
기 시작한다. 1905년 일본인 메가다 쇼타로(目

■ 박승직의 손자이자 박두병의 5남인
박용만. 그는 할아버지의 정신을 기린
다면서 매년 '배오개에서 해남까지'라는
타이틀로 국토종단을 했다.

賀田種太郎)가 주도하는 화폐 정리사업이 있었다. 이는 그전까지 조선
에서 통용되는 은이나 엽전을 인정하지 않고 일본과 같은 화폐를
쓰자는 시책이었다.

이 화폐 정리사업은 일본 상인들이 조선경제를 완벽히 제압하
려는 속셈이 숨겨져 있었다. 화폐 정리사업으로 조선 화폐는 그 가
치가 절반으로 떨어지고 이 때문에 당시 조선 상인 중 상당수가 파
산에 이르게 된다.

조선 상인이 파산한 자리에는 일본 상인들이 당연하다는 듯 꿰

■ 왼쪽은 1934년 당시 2층으로 증축해 새로 단장한 박승직 상점의 1층 소매부 모습. 오른쪽은 조선은행 재직시절 박두병 두산 그룹 회장. 출처: 자유경제원 갤러리

차고 들어왔다. 박승직이 이에 대응하려고 단체를 하나 만드니, 바로 '광장주식회사'다.(현 동대문시장) 자본금 7만8,000원, 대주주 26명의 이 주식회사는 국내 최초의 주식회사로 기록된다. 그러나 일본인들은 '미에이 판매동맹'을 맺고 미쓰이 물산에 위탁판매를 맡겨 포목수입을 독점, 포목 가격을 폭등시켰다.

박승직은 위탁판매가 아닌 일본과 직접 거래를 하고 싶어 '공익사'라는 합명회사를 만든다. 공익사를 만들 즈음 이토 히로부미는 제일은행 지점장에게 박승직을 도와주라고 했는데 이토가 한 말만 보더라도 박승직이 공익사로 어떤 이득을 보고 어떻게 사업을 번창시켰는지 쉽게 유추할 수 있다.

박승직은 2만900원을 출자해 니시하라 류조(西原龜三)라는 일본인을 알선책으로 두고 일본의 이토추상사와 손을 잡았다.(이토추상사는 한국의 군사정부와 긴밀한 관계를 맺었던 일본의 흑막정치 일인자 세지마 류조가 평사원으로 입사해 회장 자리까지 오르는 신화를 썼던 회사다.)

공익사는 이토추상사의 돈을 끌어들여 1년 만에 자본금을 두 배로 늘리고 7년이 지난 1914년에는 자본금을 50만 원으로 늘렸다. 동시에 주식회사로 개편했는데 이때부터 이토추 계열 주식이 공익사 지분 중 절반 이상을 차지한다. 반면 박승직이 가진 공익사 지분은 5%에 지나지 않았다.

자본금과 취급품목을 늘리면서 공익사는 눈부신 성장을 했으나 1919년, '만주공익사'를 창립하고 만주 내 모든 사업을 만주공익사에 양도한다. 이토추상사는 자기들이 대주주라는 점을 강조해 만주 내 모든 사업권을 요구했고 박승직은 이런 요구에 응했다. 박승직의 공익사는 이토추상사가 만주에 진출하고자 만든 교두보에 불과했다.

박승직은 나중에 친일인명사전에 이름을 올리는 불명예를 안는데, 이토추상사가 만주에 진출할 수 있는 교두보 역할을 했다는 것과 창씨개명한 일,(미키 쇼우쇼쿠, 박승직 상점이라는 상호도 나중엔 '미키 상점'으로 바꿨을 정도) 1938년 국민정신총동원조선연맹의 발기인 겸 상담역을 한 것, 1940년 국민총력조선연맹의 평의원으로 참여해 일제 총력전체제에 협력하는 등 매판자본가로서 활동한 전력 때문이라고 보인다.(국채보상운동을 주도해 광문사에 70원을 기부하기도 했다.)

첫 번째, 두 번째 부인과 후사 없이 사별한 박승직은 1905년 나이 41세에 세 번째로 결혼하는데 상대 여성은 정정숙으로 이 여인이 박두병의 모친이 된다. 두산그룹을 말할 때는 정정숙을 빼놓을 수 없으니, 이는 그녀가 박두병을 낳아서가 아니라 그녀가 만든 화장품 '박가분' 때문이다.

정정숙은 납과 돌가루를 섞어 만드는 재래식 화장품 제조법에 새로운 아이디어를 결합해 새 제품을 만들어 내놓았다. 이 화장품 명이 박가분이고, 박가분은 박승직 상점에 없어서는 안 될 물건으로 날개 돋친 듯이 팔려 나갔다.

■ 조선일보 **박가분 기사.**

박가분을 처음 만들고 5년이 지난 시점인 1920년 8월엔 여직원만 30명을 두는 등 대성공을 거두었다. 이에 관한 당시 조선일보의 기사.

(…)박승직 씨의 공익사가 유명해진 반면에 또 한 가지 그로 하여금 더욱 유명하게 한 것이 있으니 그것은 건넌방 아가씨들에게 가장 친한 화장의 동무 박가분이 그것이다.

당시 박승직 상점은 경영난을 겪고 있었고 애초 박가분은 박승

박가분과 당시 신문 광고

■ 덤으로 나눠주기 시작했던 박가분은 박승직 상점의 최고 히트상품이 되었고 박승직 상점은 이를
통해 기사회생했다. 두산은 아직도 박가분의 메가 히트를 전설로 여기고 있다. 두산유리에서 만들었
던 고급 유리제품 브랜드 '파카 크리스털' 이 제품의 명칭도 박가(朴家)에서 따온 것이다. 출처: 자유
경제원 갤러리

직 상점에서 물건을 사면 '덤', 즉 보너스로 얹혀주는 물건에 지나지
않았다. 그러나 시간이 흘러 면포보다는 '덤'인 박가분을 얻으려고
장사진을 치는 진풍경이 벌어지며 박가분은 엄청난 히트를 기록하
고, 박승직 상점은 경영난에서 벗어난다.

박가분은 일평균 1만 개에서 5만 개까지 판매량을 기록했다고
하니, 박승직 상점에서 톡톡히 1등 브랜드 노릇을 한 셈이다. 당시
신문광고를 소개한다.

"참 곱기도 합니다. 한번 시험하세요. 향수도 일이 없습니다."
"박가분을 항상 바르면 주근깨와 여드름이 없어지며 잔티가 없어 피
부가 고와집니다."

선풍적 인기를 끌던 박가분은 일본산이나 프랑스산 등 외산 화장품이 들어서고 박가분에 "납 성분이 들어가 있어 몸에 해롭다."는 소문이 돌자 판매 부진에 빠져, 마침내 생산한 지 22년만인 1937년 생산을 중지하고 말았다. 그러나 박가분 히트는 오늘날 두산을 언급할 때 빼놓을 수 없다.

어린 신부 정정숙은 박가분을 내놔 박승직 상점에 숨통을 틔워주는 데 그치지 않고 박승직에게 늦둥이 아들을 낳아주면서 남편을 기쁘게 하기도 했다. 46세에 얻은 늦둥이 자식이어서였는지 박승직은 박두병을 애지중지 키웠다. 박두병에게 산삼을 구해 먹이는가 하면 당시 시대 상황으로는 상상이 잘 안 가는 유치원에까지 보내 자식 교육을 했다. 아버지 내리사랑을 듬뿍 받고 자란 이 아들이 바로 두산의 실질적인 창업주 박두병이다.

박두병은 해방 뒤, 기린맥주주식회사 지배인으로 취임하면서 기린맥주를 불하받을 준비를 하는데, 그가 기린맥주를 불하받을 수 있었던 데는 역시 아버지 박승직 덕이 있었다.

기린맥주는 1933년에 우리나라에 들어왔고 당시 주식은 1주당 50원씩이었다. 주식은 모두 6만 주를 발행했는데 한국인 주주는 딱 두 명이었고, 이들은 6만 주 중, 각각 200주만을 보유했다. 조선인 주주 두 명 중, 한 명이 바로 박승직이었다.(나머지 한 명은 삼양사 창업주 김연수)

1945년 일제가 물러나고 공장이 비어있으니 기린맥주 공장에서 일하던 노동자들이 만든 자치위원회에서는 둘뿐인 조선인 주주

중 한 명인 박승직을 찾아가 지배인을 맡아달라고 요청했고 박승직은 아들인 박두병을 기린맥주 지배인 겸 관리자로 임명하고 입사시켰다.(일제가 물러나기 전 기린맥주 일본인 관리인들은 김연수와 박승직에게 기린맥주를 인수할 의향이 있는지 타진했으나 둘 다 이 제안을 거부한 전력이 있다. 결국, 박승직은 이 제안을 거절하고 적산 불하로 기린을 얻었으니 엄청난 재테크를 한 셈이다.

미 군정은 적산을 불하하면서 적산을 우선 매수할 수 있는 자의 순위를 매겼는데 그 첫 번째가 기업체, 주식과 지분에서는 임차인과 관리인, 두 번째는 해당 기업체 주주, 사원, 조합 그리고 2년 이상 계속 근무한 종업원, 세 번째는 농지개혁으로 농지를 매수당한 자로 규정했다. 그래서 관리인과 임차인이 쉽게 적산을 불하받게 되어 적산을 불하받은 사람 대부분이 미 군정 때 관료나 관리인 혹은 기업체 임차인, 미군과 친분 관계가 있었던 사람들이었다. 당시 이처럼 우선순위로 적산을 불하받은 건수는 1,506건으로 비율로 따지면 70%를 넘었다.)

한편, 해방 이듬해인 1946년에 정정숙과 박두병의 부인 명계춘이 포드 승용차 1대와 트럭 1대로 운수업을 시작했으나 곧이어 터진 한국전쟁으로 이 사업은 접을 수밖에 없었다. 재미있는 것은 이 운수업체 이름이 '두산상회'였다는 점이다. "한 말 한 말 모아서 산처럼 크고 높아지라"는 뜻으로 아들인 박두병의 '두(斗)' 자를 따서 박승직이 지었다.

한국전쟁이 터지자 부산으로 피난 간 박두병 일가는 당시 원조 물자를 운송하는 능력이 태부족하다는 현실을 깨닫고 다시 운수사업에 뛰어든다. 은행에서 3억5,000만 원을 융자받고 트럭 14대를 불하받는다.

당시 원조물자 운수업에는 세 개의 모터 풀이 있었는데 제1 모터 풀이 대한통운이었고, 제3 모터 풀이 두산상회였다. 이때부터 박승직 상점은 역사에서 사라지고 '주식회사 두산상회'가 새 역사의 주인공으로 발돋움한다.

박두병은 서울로 올라와 기린맥주의 또 다른 조선인 주주 김연수에 양해를 얻어 공개입찰이지만 실질적으로는 단독입찰로 동양맥주주식회사를(기린맥주를 불하받으며 동양맥주로 사명 변경) 34억 1,366만6,360원에 불하받았다. 정부로부터는 저리 금융, 장기상환, 세제 감면 등 많은 특혜를 받는데, 이때가 1952년 5월 22일로, 이날이 동양맥주 창립기념일이 된다. 그리고 이 동양맥주는 오늘날 두산그룹의 모태가 됐다.(동양맥주의 영원한 맞수인 조선맥주는 친일파 민영휘의 자손 민덕기가 삿포로맥주를 불하받아 세운 것이다.)

선경

최종건

1939년, 선경직물회사가 조선에 설립된다.

이 회사는 선만주단주식회사와 일본 경도직물주식회사가 공동 출자해서 만들어졌다. 선만주단의 '선', 경도직물의 '경' 이 두 자를 따서 회사 이름을 선경이라 지었다. 선경은 1942년, 수원에 직물공장을 건설하고 일제 전시체제에 따라 주로 군복을 생산했다.

당시 종업원은 약 200명(남자 40명)이었고 1944년에 최종건은 선경직물에 수습사원으로 입사한다.(1940년 우리나라 총 공업생산액은 18억7,263만 원이었다. 이를 세분화해서 보면 금속공업이 6.9%, 기계공업이 4.1%, 화학공업이 37.4% 식품공업이 19.9%, 섬유공업이 12.4%였다. 공업 대부분이 화학, 식품, 섬유에 집중됐다는 걸 알 수 있다.

이랬던 공업 부문이 1948년
에 와서는 섬유공업이 41%로 총
공업생산에서 1위를 차지한다.
산업에 기초가 아예 없던 시절,
누구나 다 상대적으로 기술이 필
요 없는 섬유공업에 뛰어들었던
것이다.

당시 부자는 모두 섬유공장
을 하나씩 가지고 있었다. 설경

■ 경성방직. 광복 후, 일제가 남기고 간 방직회사는 자본가들
에게 그대로 떨어졌고 이들 자본가는 방직회사를 발판으로 재
벌의 반열에 올라섰다.

동의 대한방직, 쌍용 김성곤의 금성방직, 정재호의 삼호방직, 김성수의 경성방
직, 백낙승의 태창방직, 이병철의 제일모직 등등. 이들 기업도 모두 적산을 불
하받아 세를 불린 기업들이다.)

최종건의 부친 최학배는 수원에서 대성상회라는 가게를 열어
포목장사를 하기도 했고 미곡상도 운영할 만큼 지역에서는 알아주
는 상인이었다. 최종건이 선경을 불하받을 수 있었던 이유도 이런
아버지의 능력 덕이었다.

경성직업학교를 졸업한 최종건은 졸업하고 나서 장사하거나 부
평에 있는 육군 조병창에 가고 싶어 했다. 그러나 아버지가 "집에서
가까운 선경직물에 입사하라"며 강권해 선경직물에 신입사원으로
들어가게 된다.

■ 1962년 선경직물 증축 준공식을 마친 선경 창립자 최종건 회장(맨 앞줄 왼쪽)과 그의 동생 최종현(최종건 왼쪽). 최종건은 자신의 회사를 아들이 아닌 동생 최종현에게 넘겼다. 출처: 자유경제원 갤러리

최종건이 입사하던 1944년, 선경직물은 일제 전시체제에 따라 조선직물주식회사와 통합되고 이듬해 해방을 맞게 됐다. 해방 후 선경직물은 당연히 적산 기업으로 선정됐다.

이 선경에 새로운 관리인으로 조선인 황청하와 김덕유가 임명된다. 이는 두 사람이 조선인으로서 선경 주식을 갖고 있었기 때문이다. 그러나 이들도 기린맥주의 김연수와 박승직처럼 소액주주에 불과했다. 총 50만 주 가운데 이들이 보유한 주식은 각각 100주씩이었다.

게다가 이 두 사람은 직물공장에 문외한이었으니 자기들 대신 선경직물을 관리할 사람을 필요로 했다. 그렇게 선정된 사람이 바로 최종건이었다.

최종건은 생산부장에 임명돼 공장 경영을 맡았다. 이는 공장에서 그를 따르는 사람이 많았기에 가능했던 일로 당시 어린 최종건이 어느 정도 리더십을 발휘했음을 보여주는 대목이다. 그러나 최종건은 얼마 지나지 않아 "평생 월급쟁이는 할 수 없다."는 말을 남기고 선경직물에서 퇴사해 섬유장사를 시작했다. 소규모 섬유공장(가내수공업)에 원사를 주고 물건을 받아 다시 도매상에 넘겨 이문을 보는 사업이었다.

한국전쟁이 터지고 마산으로 피난 간 최종건은 전쟁이 끝난 후 다시 수원으로 올라온다. 정부는 전쟁터에 잿더미가 된 선경직물을 일반인에게 불하한다고 발표했다.

선경직물은 관리인이던 황청하와 김덕유가 불하받는 게 원칙이었지만 두 사람은 폐허가 된 공장에 신경 쓸 여력도 관심도 없었다. 단지 소액주식만 있었을 뿐이었다. 그래서 움직인 사람이 최종건이었다.

최종건은 선경직물을 불하받으려고 사방팔방으로 뛰어다녔다. 그런데 '돈'이 복병이었다. 돈이라는 장벽 앞에 주저앉을 판이었다. 결국, 아버지에게 도움을 청하지만, 아버지는 이 요청을 단칼에 거절한다. 왜 그랬을까?

당시 최종건 동생, 최종현(훗날 SK 회장)이 미국 유학을 준비하고 있었는데 아버지는 그 유학비용을 이유로 최종건에게 돈을 줄 수 없다고 한 것이다.

또 최종건은 이전에 사업한답시고 아버지에게 많은 돈을 받아 여러 번 탕진한 까닭에 아버지로서는 선뜻 돈을 내어주기가 쉽지 않았을 것이다. 최종건은 마산으로 피난하고는 카바레를 열어 술장사도 했고(문화 카바레) 휘발유 장사, 비료 장사 등 여러 장사를 했지만, 모조리 실패하고 말았다.

아버지에게 거절당해 낙담했지만, 최종건은 무작정 폐허가 된 선경직물 수원공장으로 달려갔다. 그러고는 직접 무너진 담을 보수하는가 하면 고장 난 기계들을 고치기 시작했다. 이렇게 열심히 하는 모습을 보이면 아버지 생각이 달라질 수 있다는 막연한 기대감도 있었겠으나, 이 방법 말고는 달리 뾰족한 수도 없었다.

이 소식을 들은 옛 공장 동료들이 몰려와 복구에 힘을 보태는가 하면 동네 어린애들에게 돈 몇 푼 쥐여주며 녹슨 기계를 닦게 하는 등 최종건은 공장복구에 매달렸다. 그러나 공장을 복구해 봐야 불하받지 못하면 모두 헛수고로 끝나고 말 일이다. 최종건은 무모한 짓을 벌이기로 작정한다. 바로 집 땅문서를 훔치기로 한 것이다.

큰맘 먹고 누나에게 달려간 최종건은 누나에게 아버지 땅문서를 훔쳐다 줄 것을 부탁하고 동생 성격을 잘 아는 누나는 땅문서를 훔쳐 최종건에게 건네준다.

땅문서를 손에 쥔 최종건은 수원 부자 임명한에게로 달려갔다. 땅문서를 담보로 돈을 빌릴 작정이었다.

임명한은 최종건이 최학배의 아들임을 알아채고는 "자네 아버지를 만나 보겠으니 그 땅문서는 도로 가지고 가라"고 한다. 아버지 몰래 사업을 벌이려던 계획에 차질이 빚어지는가 싶던 그때, 미국 유학을 준비 중이던 동생 최종현이 아버지에게 "유학 안 가도 좋으니 형에게 돈을 빌려주라"고 간청하는 일이 벌어진다.

최학배는 최종건이 매일 나가서 재건하고 있던 선경직물 공장을 찾아가 최종건을 만나고 200만 환을 아들에게 쥐여주었다. 마침내 1953년 8월 14일, 최종건은 선경직물주식회사를 130만 환에 불하받았다. 최종건 나이 불과 28세였다.

최종건은 선경직물을 불하받은 지 2년만인 1955년에 제2공장, 제3공장을 차례로 건설하였으나, 무리한 공장 증설로 자금회전이 여의치 않아 애를 먹었다. 이렇게 어려운 때 선경을 도와준 장본인이 이승만 정부였다.

이승만 정부는 선경에 3만 달러의 원사수입용 외환을 배정해 주고,(당시 암시장에서 달러는 1달러당 400환이었는데, 정부의 공정환율은 180환이었다. 다시 말해, 외환만 배정받으면 몇 배가 넘는 환차익을 볼 수 있었다. 이런 식으로 정부는 다양한 방법으로 선경에 특혜를 줬다. ICA 산업자금 4만5,000달러도 지원받았다.) 500만 환의 기업육성자금까지 지원해 줬다.

한화
김종희

평범한 농사꾼 자식이었으나,

공부에 재능이 있었던 한화 창업주 김종희는 명문상고 경기도립상업학교를 16대1이라는 경쟁률을 뚫고 합격한다. 이즈음 그의 부친인 김재민이 사금 채광사업으로 돈을 벌어 가세도 많이 좋아졌다. 김재민이 둘째인 김종희를 끝까지 공부시킨 것만 봐도 여느 농사꾼과는 달랐을 것으로 생각된다.

경기도립상업학교에 재학 중이던 1940년 11월, 김종희는 럭비부 소속 일본인 학생 4명과 조선인 학생 3명이 패싸움하는 광경을 목격한다.

숫자로 열세였던 조선인 학생들이 핀치(위기)에 몰리자 김종희는 이 싸움에 끼어들었고, 다음 날 싸움에 관계된 학생들 모두 퇴학 처분되고 말았다. 이에 당숙 김봉서가 원산 경찰서장 고이케 쓰루이치(小池鶴一)를 통해 조카 김종희를 원산상업학교로 편입시킨다. 단, 고이케 관사에서만 통학해야 한다는 조건이었다.

김종희와 고이케 사이가 깊어질 수밖에 더 있을까. 1941년 12월 21일, 원산상업학교를 졸업한 김종희는 그새 서울로 전근해 경기도 경찰부 보안과장으로 재직 중이던 고이케가 도와줘 '조선화약공판주식회사'에 입사한다. 그리고 이 회사는 김종희의 인생을 완전히 뒤바꿔 놓았다.

■ 한국의 화약산업을 비약적으로 발전시킨 다이너마이트 김. 김종희. 그러나 그를 비호하는 세력이 없었다면 지금의 한화가 과연 존재할 수 있었을까? 출처: 자유경제원 갤러리

김종희는 든든한 뒷배와 화약 공장 직원이라는 특수함으로 신입사원이지만 사택을 받는 등 편의를 얻고 더 나아가서 일제 총동원령에 따른 '징병'까지 면제되는 특혜를 받는다. 조력자의 도움이 대자본을 일구는 데 필요한 요건임을 또 한 번 보여주는 일화다.

롯데 신격호 뒤에는 사업 초기, 자금과 판매처를 책임져주었던 하나미츠와 그가 일본에서 거상이 될 때까지 물심양면으로 도와줬던 처가(妻家)가 있었다.

대한전선 설경동 뒤에는 공무원이던 그를 스카우트하고 물심양면 도와줬던 부춘 운송점의 일본인 사장이 있었다.

김종희도 고이케의 도움이 없었다면 화약 공장으로 취업하는 일은 불가능했을 것이고, 훗날 미군 고문관 스미스의 조력이 없었다면 화약 공장을 불하받는 행운 따위도 없었을 것이다. 남들과는 다른 명석함과 근면함이 그들을 돕게끔 했겠으나 분명한 것은 남들과는 다른 '운'이 작용했다는 점이다.

여기서 일제가 한반도에서 화약을 어떻게 취급했는지 잠깐 살펴보자. 일제는 1912년 8월, 「총포화약류취제령」을 내려 한반도에서 화약류 제조를 전면 금지했다. 아울러 필요한 화약은 일본에서 수입해서 쓰도록 했다.

그러던 1930년대, 상황이 급변하니 만주사변이 터지고 화약 수요가 급증한 것이다. 일제는 1932년 「폭약제조취제규칙」을 공포하고 화약류 제조를 전면 허가하기에 이른다. 기술과 장비를 갖추었던 일본 화약회사들이 앞다퉈 조선에 공장을 건설하기 시작했다.

1935년, 조선질소화약을 건립하고부터 조선화약제조, 조선천야카리트, 조선유지 등이 잇따라 설립됐다. 경쟁을 거듭하던 화약업계는 1940년대 들어 또 한 번 크게 요동친다. 태평양전쟁 때문이었다.

전시체제로 돌아선 일제는 중소기업들을 대기업에 강제로 편입시키는 내용의 '기업정비령'을 발동하는데 조선질소화약, 조선화약제조, 조선유지, 조선천야카리트 4대 화약 공장을 통폐합한 것이다. 이로써 조선화약공판주식회사가 국내 각 화학 공장에서 생산한 화약류를 일괄 인수해서 각 수요처에 납품하는 독점 체제를 갖추게 됐다.

일본이 패망하자 김종희는 조선화약공판주식회사 자치위원회 위원장으로 선출되고 미 군정이 들어서자 지배인으로 임명된다. 이어 1946년 5월 관리인이 됐다.

미 군정 화약담당관이던 스미스 대위가 김종희의 결혼식에 참석해 친분을 과시했던 점으로 봤을 때 김종희가 미 군정과 어떤 관계에 있었는지 쉬이 짐작할 수 있으리라.(1947년 3월 31일, 관제령 제9호가 공포된다. 이 법안은 "산하 각 귀속기업체의 관리인을 새로이 임명하라"는 것으로 관리인 자격요건은 "동일업체에서 7년 이상 종사한 경력의 소유자"로 한정했다. 1942년에 입사한 김종희는 관리인 자격이 없었다. 그런데도 그는 관리인으로 계속 근무했고 결국 불하에 합격했다.)

김종희는 1952년 6월 12일에 있었던 조선화약공판주식회사를 매각하는 입찰에서 23억4,568만 원에 낙찰받아 한국화약을 설립한다. 이듬해 화폐개혁이 단행되고 김종희는 바뀐 금액 2,345만

■ 현암 김종희의 가족사진. 왼쪽부터 강태영 여사, 승연, 호연, 영태 그리고 김종희 회장. 김종희가 한국화약을 설립하던 해에 그의 장남 김승연이 태어났다. 아버지가 일찍 사망함으로써 어린 나이에 그룹 오너 자리에 오른 김승연은 주위로부터 "대범하다"는 말과 "안하무인이다"는 말을 동시에 듣게 된다. 출처: 자유경제원 갤러리

6,800환의 절반인 1,172만8,400환을 납부해 조선화약공판주식회 사를 불하받았다.(조선화약공판주식회사를 불하받을 때 한화그룹 회장인 장남 김승연이 태어난다.)

불하 대금은 미8군 화약관리 용역사업을 통해 벌어놓은 외화 1 만3,000달러와 농지증권을 헐값에 사서 충당했는데, 당시 외화는 공정환율보다 시중에서 거래되던 가격이 두 배 이상 비쌌고,(공정환 율이 해마다 2배 이상 급등하고 실제 거래되던 시가보다 훨씬 쌌으므로 미군 과 거래할 수 있던 사람, 종합상사를 운영하던 자, 은행에서 대출받을 수 있는

자본가들은 달러만 가지고 있어도 몇 배에 달하는 수익을 앉은자리에서 올릴 수 있었다.) 김종희가 산 농지증권은 유명무실한 종이쪼가리였기에 김종희의 조선화약공판주식회사 불하는 살인적 인플레이션과 농지 증권이라는 편법 위에서 가능했던 셈이다.

지급하지 못한 나머지 금액은 이름도 유명한 저리 융자, 장기상환으로 천천히 갚아 나갔다. 이후 김종희는 '조선유지 인천 화약 공장'도 불하받는데 이 공장은 대통령 이승만이 지시해서 이뤄졌고, 전쟁으로 폐허가 된 공장 복구비는 국가에서 전액 지원해줬다.

대성
김수근

김수근 집안은 대대로 내려오던 부자 가문이었다.

조부 때는 만석꾼 소리까지 들을 정도로 인근에서 알아주는 부호였다. 그러나 부친인 김두윤이 김수근이 열 살 되던 해에 사망하고 가세가 급격히 기울었다.

공부에 자질이 있었던 김수근은 대구상업학교에 수석으로 입학했으나 가정 형편상 끝까지 학업을 마치지 못하고 17세가 되던 해, 대구에 있던 삼국석탄공사 대구지부에 취업한다. 조선인이라고 받아주지 않던 회사에 끈질기게 찾아가 취업에 성공할 수 있었다고 전한다.

1941년 26세가 되던 해에 독실한 기독교 신자였던 어머니 소개로 같은 교회에 다니던 여귀옥과 결혼한다.(대성그룹과 한국 개신교의 인연은 이렇게 시작됐다.) 김수근의 장인, 여용섭은 하루에 백석을 번다고 하는 대부호였다. 김수근이 잘 다니던 직장을 때려치우고 일본유학을 떠난 것, 사기로 모든 재산을 잃고 나서도 조선연료라는 당시 최대 연료공장을 불하받은 것도 이와 무관하지 않을 것이다.

1947년 김수근은 대구에 100평의 땅을 마련해 '대성산업공사'라는 연탄회사를 만든다. 이것이 대성그룹의 모태가 된다. 이후, 조선연료, 삼국석탄, 문경탄광을 불하받아 남한 최대 규모의 연료회사가 됐다.

김수근은 1960년대 박정희 정권이 들어서자 실질적으로 에너지 산업을 독과점하면서 승승장구한다. 1964년에 LPG 판매업, 1968년에 석유류 판매업까지 따내며 재계서열 10위권까지 진입한 것이다. 대성이 박정희 정권 때 승승장구한 데는 재벌 특혜뿐만 아니라 운도 크게 작용했다.

박정희 정권은 나무를 베어 아궁이에 불을 때던 전통적인 난방 방식에서 오는 산림 황폐화를 염려하여 "산림녹화사업"을 시행했는데, 대성은 이 덕분에 큰 성공을 거두었다.

정부는 연료로 장작을 쓰는 것을 금하고 더 나아가 아궁이 사용을 강제로 금지했으며 연탄난로를 보급하는 사업도 벌였다. 당시 농촌에서 나무를 도벌하는 행위는 5대 악으로 여겨질 정도로 중죄였으므로 장작 가격은 상승하고 연탄 수요는 늘어났다. 결국,

■ 김수근 회장(왼쪽). 김수근의 대성은 박정희 정권 시절에 비약적인 발전을 했다.

1960년대 서울 시내 가구 90%가 연탄을 난방연료로 사용하기에 이른다.

수요가 늘어나자 해마다 연탄 파동이 일어나는 등 연탄공급에 차질을 빚었다. 당시 연탄이 얼마나 귀한 존재였는지를 보여주는 기사 한 대목. 연탄 파동을 피하는 방법을 친절히 소개하고 있다.(경향신문 1966년 1월 6일)

동네에서도 마음씨가 착할 듯한 사전주인, 연탄 배달부를 골라 놓는다. 한 달쯤의 기한을 정해서 교섭 기간을 삼는다. 무리를 해서라도

■ 1960년대 대구 칠성동의 대성 제2 연탄공장. 편리하고 값싼 난방재료였던 연탄이었지만, '살인탄'
이라 불릴 정도로 많은 이들의 목숨을 앗아갔다.

구입량을 많게, 그러니까 횟수는 적게 한다. 값은 꼬박꼬박 내고 그
때마다 세상에 대한 개탄도 하며 수시로 호감을 표시한다. 절친해졌
다고 생각할 때에 한 번쯤 외상을 하고 곧 갚는다. 이것이 몇 번 되풀
이 되고 나면 쌀 소동, 연탄 소동을 일주일쯤 거뜬히 견뎌낼 재고량
이 항상 부엌에 있을 수 있을 게다.

이런 상황에서 가내수공업 연탄가게가 아닌 기계를 이용한 대
량생산체제에 들어간 대성이 성공할 수밖에 더 있었겠나. 값싼 연
료인 연탄이 보급되면서 난방방식, 취사방식에 획기적인 발전을 가
져온 것은 사실이지만, 이 때문에 수많은 목숨이 희생됐다는 사실
을 잊어서는 안 된다.

당시 얼마나 많은 사람이 '연탄가스중독'으로 사망했던지 사람들은 연탄을 "살인탄"이라 불렀다. 연탄가스중독은 그만큼 치명적이었다. "매일 사신(死神)의 품에 안겨 잠이 들고 사신의 품에서 잠이 깬다."는 말이 있을 정도였다. 당시 상황이 어느 정도 심각했는지 연탄가스 문제를 언급한 1969년 10월 10일 자 동아일보 기사다.

> 작년 겨울 동안 500여 명이나 중독사 했다 하나 해마다 이 숫자는 늘어나는 경향을 보이고 있어 만약 아무런 대책을 강구하지 않는다면 금년 겨울엔 더 많은 희생자가 생길 것이 염려된다. 소위 〈살인가스〉를 난방연료로 삼는다는 자체부터 있을 수 없는 일이거니와 독립국가가 된 지 20년이 넘도록 정부나 국민이나 속수무책, 겨울마다 〈살인가스〉를 베개 삼고 잔다는 것은 문명국가로서 이 이상의 큰 수치가 있을 수 없다.

이 연탄가스 사고는 대개 빈자들에게서 많이 일어났다. 당시 신문 기사를 살펴보면 "일가족이 연탄가스 사고로 사망했다."는 기사를 심심찮게 찾아볼 수 있는데 대부분이 쪽방, 빈민촌 등에서 일어난 사고였다.

대성은 이런 밑바닥 인생들의 희생 위에서 성공을 일궜다. 그러나 김수근의 자식들은 이를 인정하고 싶지 않은 것 같다. 아버지가 성공한 데는 부모의 근면·성실함, 몸에 밴 절약 정신, 한우물만 판 기업가 정신, 남들과 다른 교육 정신 등이 원인이었다고 보는 모양

■ 동아일보 10월 10일 자 사설. 하루가 멀다고 언론은 연탄의 위험성을 지적했지만, 서민들의 삶은 별반 나아지지 않았다.

이다.

이런 사실은 지난 대선(2012)에서 "재벌 좌파"라는 해괴한 발언을 하며 새누리당 공동선거대책위원장에 임명된 김수근의 딸, 김성주(성주인터네셔널 사장)의 행동과 발언을 봐도 알 수 있다.

그녀는 스스로 "트러블메이커가 되겠다."고 했다는데 대선 때 그의 발언이 여러 논란을 일으킨 만큼 일단은 "노이즈 마케팅"에 성공은 한 셈이다.

김성주는 대선 두 달 전에 있었던 기자간담회에서 여성과 청년층 일자리에 대한 자기 의견을 다음과 같이 밝혔다.

20대 일자리 창출 문제를 제발 국내에서만 보지 마라. IT 시대에는 어마어마한 가상세계 안에 어마어마한 창업 거리와 일자리가 있다.

한국의 훈련된 인원들이 일할 게 너무 많은데, 다만(스스로 일자리를) 안 찾고 불평하기 때문에(취업이 안 되고) 그렇다. 저같이 작은 중소기업 회장 하나도 30개국을 정복할 수 있는데, 젊은이들이 '정부야, 일자리 창출해라' 이런 수동적인 자세로는 안 된다.

역시 명문대학 나오고,(김수근네 자녀들은 모두 명문대학을 졸업했다. 장남 김영대, 차남 김영민, 3남 김영훈, 장녀 김영주는 모두 서울대 출신이고 차녀 김정주는 이화여대를 막내 김성주는 연세대를 졸업했다. 서울대 입학생 중 강남에 사는 이들이 가장 많다는 21세기 한국사회의 씁쓸한 자화상을 보았을 때 김수근의 자녀들이 모두 명문대를 졸업한 이유를 "어머니 여귀옥의 헌신적인 남다른 교육방식"으로 꾸미는 것은 코미디다.) 외국에서 유학까지 하며 한 번도 실패라는 걸 해본 적이 없는 재벌가 막내딸다운 발언이었다.

■ 김수근 회장의 자녀들. 왼쪽부터 김영대 대성산업 회장, 김영민 서울도시가스 회장, 김영훈 대성그룹 회장.

정부가 일자리 창출에 매진하지 않으면 그 정부는 존재가치가 있는가? 선진국에서는 취업이 안 된다고 청년들이 데모까지 하는 게 오늘날 지구촌의 모습이다. 오히려 취업이 안 되는 걸 '제 능력 탓'으로 돌리는 우리 젊은이들이 순진하다. 한데 김성주는 취업이 안 되는 이유를 "청년들의 수동적인 자세"로 들었으니 시대착오적인 발언을 재벌 딸이 하신 것이다.

또 "IT 시대에는 어마어마한 창업 거리가 있다."고 말했는데 그것도 정부가 성심성의껏 여러 인프라를 구축하고 지원해줘야지만 가능한 일이다. 맨바닥에서 컴퓨터 하나 가지고 당신처럼 성공하기는 낙타가 바늘구멍에 들어가는 것보다도 더 힘들다.

물론 김성주는 컴퓨터 하나 달랑 갖고 지금처럼 성공하지는 않았다. 그녀는 외국 명품브랜드를 한국에 가지고 와 그걸 되팔아 지금과 같은 성공 가도를 달렸다.

다른 사람 눈을 크게 의식하고 명품이라면 빚을 내서라도 사야 하는 허례와 허세가 가득한 한국 땅에서 김성주가 성공한 것은 어쩌면 당연한 일일지도 모른다.

출발선부터 달랐던 김성주가 청년들에게 안타까운 표정으로 "머리 써서 열심히 살라"고 하니 그들 속이 뒤틀리지 않겠는가? 부유한 집안에서 자라 명문대에 입학하고(스스로 공부를 엄청 못했다고 했는데 명문대학이라고 불리는 그 학교는 어떻게 입학했는지 궁금하다.) 외국으로 유학하고, 부친이 유학을 반대하자 저명인사들까지 불러 부친을 회유했다는데, 이런 과정들이 어떻게든 하나라도 더 스

펙을 갖춰야 취업이 가능한 시대를 사는 젊은이들은 엄두나 낼 수 있겠나?

최저임금을 받으면서 아르바이트와 취업준비를 동시에 하는, 그 때문에 청춘의 꽃이라고 하는 연애는 상상도 못 하는 젊은이들과 당신이 같은 경험을 공유하고 있다고 생각하는가? 아서라. 당신은 출발부터 지금 취업과 창업에 어려움을 겪고 있는 가난한 젊은이들하고 달랐다.

대한민국은 패자부활전이 없는 나라다. 취업 전선에서 2~3년만 뒤처져도 소위 말하는 좋은 직장은 물

■ 김성주. 누가 봐도 금수저 출신인 김성주는 헬조선에서 하루하루를 좌절로 살아가는 젊은 청년들에게 "노력하라"고 점잖게 충고하는 오지랖 신공을 보여줬다.

건너가고 창업해서 한 번 실패하면 다시는 재기를 할 수 없는 곳이 바로 이 땅이다. 대한민국 보통 사람들은 김성주처럼 어려움을 겪었을 때 도와줄 아버지와 오빠가 없다.(성주인터내셔널은 IMF로 부도위기에 놓이지만, 아버지 기업인 대성그룹이 도와줘 살아날 수 있었다. 그 뒤 그녀는 자기 오빠와 MCM의 소유권을 놓고 법정 분쟁까지 벌였다.)

같은 당 정몽준은 버스비를 70원이라고 하질 않나, 2012년 당시 대통령 후보였던 박근혜는 최저임금이 얼마인지조차 몰랐다. 그 당 인사들이 원래 그런지 아니면 그 당에 입당하면 사람이 변하는

건지는 모르겠지만, 김성주도 이들과 별반 다를 바가 없다. 서민들 삶과 서민들의 생각을 전혀 알지 못하고 이해하려고도 하지 않는데 어떻게 그네들을 위한 정책을 펼 수 있겠는가?

이들을 보고 "빵과 우유가 없으면 고기를 먹으면 된다."는 명언을 떠올리는 사람은 비단 필자만은 아닐 것이다. 이런 김성주는 18대 대통령 선거가 끝난 후, 낙하산을 타고 대한적십자사 총재 자리에 사뿐히 내려앉았다.

쌍용

김성곤

1958년 11월 20일 제30회 국회 재경위원회 3차 회의,
양일동 의원은 발언권을 얻어 다음과 같은 이야기를 한다.

산업은행 총재가 나오셨기 때문에 몇 가지 질문하겠습니다. 봉이 김
선달이가 대동강 물을 팔아먹었다는 얘기를 들었는데, 요새 말을 들
으면 봉이 김선달이 아닌 문창숙이라고 하는 사람이 목포 앞 바닷물
을 팔아먹고 있습니다.

430정보에 염전을 축조하는데 실면적은 263정보라고 하는데 이번
에 국정감사에서 숫자상으로 보면 자기 자금을 포함해서 11억쯤 되
고 은행대부로 약 9억3,000만 환이 나가야 이 염전이 축조되게 되

어있습니다. 그러면 이 은행에서 대부하는 것만 하더라도 적어도 정보에 350만 환 정도가 되는데 총재께서는 200여만 환이라는 소리를 하시는지 말하자면 전체면적은 430정보지만은 실제 면적은 236정보밖에 안 되는 것입니다.

양일동 의원이 말한 목포에 있는 봉이 김선달 문창숙, 그는 어떻게 거액의 부정대출을 받을 수 있었나? 당시 상황을 자세히 소개한 아시아투데이 2011년 02월 11일 자 칼럼을 살펴보자.

■ 쌍용 김성곤. 김성곤의 상징 카이저 수염. 김성곤은 박정희에게 항명한 대가로 그의 트레이드 마크였던 카이저수염을 뽑히는 굴욕을 맛봤다.

당시 전남 목포·무안 일대 주민들 사이에서는 괴이한 소문이 돌고 있었다. 바다를 가로질러 방파제를 쌓아놓고 염전을 한답시고 소문을 내, 은행융자만 받아먹은 '현대판 봉이 김선달'에 대한 얘기였다. 방파제를 쌓은 지 3년이 넘도록 이름만 염전이라고 걸어놓은 갯벌인데, 진짜 주인은 누구인지 알 길도 없고, 그저 자리만 잡아놓은 유령회사가 은행대출을 받기 위해 이런 짓을 벌이고 있다는 것. 일종의 사기대출사건이다. 더욱이 예전에 지역 주민들이 막았던 바다에 자신들이 다시 방파제를 쌓고, 애써 일군 진짜 염전에서 주민들을 쫓아내려 한다는 얘기였다. 이 염전은 척방염전이고, 표면상 주인은 문창숙이라는 수수께끼의 인물이다.

당시 산업은행에 제출된 사업계획서상, 척방염전은 총면적 430정보에 염전 실제 축조면적은 263정보, 총공사비 6억7,600만 환이라는, 사상 최대 규모의 염전사업이었다. 산업은행은 이 염전개발자금으로 당초 3억 환을 대출해 줄 계획이었으나, 염전 측은 설계변경을 통해 5억 환을 대출받았다. 게다가 앞으로 4억 환의 대출이 더 집행될 예정이었다. 담보는 전혀 없었다. 있다면 바닷물과 갯벌뿐이다. 이렇게 터무니없는 거액대출이 나가게 된 근거는, 융자를 해주라는 전매청의 추천서 달랑 한 장이었다. 더욱이 당시 김현철 재무장관은 이 같은 부실대출을 감독하기는커녕, 미국 측에 200만 달러의 개발차관자금을 척방염전에 지원해 달라는 추천서까지 공식 전달했다. 문제는 염전이 그 당시에는 여신금지업종이었다는 점이다.

정부는 한때 염전개발을 장려했으나, 제염업체가 지나치게 늘어나면서 과당경쟁에 따른 업계 전체의 부실화가 우려되자, 염전 신규허가와 융자를 전면 금지했다. 그러나 유독 이 척방염전만은 허가를 내주고, 담보도 전혀 없이 거액을 대출해 준 것이다. 국회에서 문제가 되자, 김현철 재무장관과 김영찬 당시 산업은행 총재는 "신규허가 금지조치 이전부터 구상된 사업계획이며, 사상 최대 규모에 최신 설비를 갖추고 해외 수출까지 계획하는 업체여서 특별히 허가해주고, 개발차관 추천서까지 써줬다."며 궁색한 변명을 했다.

사후관리도 전혀 이루어지지 않았다. 수천만 환의 자금용도에 대해 영수증 한 장만 달랑 붙어있고, 이미 이자연체가 상당 규모 발생하고 있었음에도, 국정조사 제출서류에는 연체 사실 부분을 검은 줄을 그어 지워버렸다. 의원이 캐묻자 '단순 오기'라고 발뺌했으나, 곧 실제 연체 사실이 드러났다. 이런 판국에, 또 4억 환을 추가 대출하겠다는 것이다.

이뿐만이 아니다. 현지 염전업자들은 이미 가동 중인 염전을 매입하더라도, 1정보당 140환, 아무리 시설이 좋더라도 200환이면 충분하다고 증언했다. 그러나 척방염전에 대한 시설자금 융자금액은 정보당 330환이다. 완성된 염전 매입 가격의 2배를 개발자금으로 대출받은 것으로, 장부상의 자체자금까지 합치면 4배가 넘는다.

자금관리 서류의 자금용도란에 붙어있는 영수증을 확인해보니 인물과 주소가 가짜였다. 완전한 사기극이다. 이런 사기놀음에 정부가 장단을 맞추고, 미국에 추천서까지 써줬다. 산업은행은 뻔히 알면서도 사기꾼에 속아주고, 아예 떼일 것을 각오하고 거액을 빌려준 것이다. 현대판 봉이 김선달이 목포 앞 바닷물을 팔아먹는다는 얘기가 나올 만도 했다.

이렇게 말도 안 되는 조건으로 한 염전에 산업은행과 재무부까지 나서서 불법대출한 이유가 무엇일까? 양일동 의원의 계속되는 질문을 살펴보면 그 해답을 알 수 있다.

산은의 조사를 보면, 대기업가인 김성곤 씨가 보증을 해서 잘못돼도 책임진다는 의견서가 붙었는데, 나중에 무슨 이유인지 김성곤 씨 보증은 취소되고, 지금은 전혀 변상할 수 없는 그런 사람으로 보증인이 교체돼 있습니다.

당시에는 은행에서 돈만 빌릴 수 있다면 부자 반열에 오르는 일이 식은 죽 먹기처럼 쉬웠다. 그러니 대부 스캔들이 쉴 새 없이 터졌다. 박정희가 군사 쿠데타를 감행하고 민심의 호응을 얻으려고 실시한 것이 부정축재자 처리였는데 당시 부정축재조사위원회가 작성한 '산업은행을 통한 대부 세부 명세철'을 살펴보면 재벌들이 총 대부의 67.8%나 차지하고 있다. 공화당 재정과 박정희 개인 축재까지 떡 주무르듯이 만졌던 김성곤은 이승만의 자유당 시절에도 각종 비리와 연관이 있었다.

김성곤은 1913년, 대구광역시 달성군에서 부농의 아들로 태어난다. 대구고등보통학교(대구고보)에 시험을 봤으나 낙방하고 서울로 올라가, 휘문고등보통학교(휘문고보)에 입학했다. 그러나 1년 후, 대구고보에 편입하고 4학년 때, 교내 항일운동을 주도했다는(백악관 출입기자였던 문명자는 회고록에서 김성곤이 일제 강점기 때 남대구경찰서에서 일본 순사를 했던 경력이 있다고 밝혔다.) 이유로 퇴학당한 뒤, 다시 상경해 보성고등보통학교(보성고보)를 졸업했다.

1937년에 포항 유지 김양헌의 딸 김미희와 결혼하는데 당시 주례는 신부 측 요청으로 전남방직 회장인 김용주가 맡았다. 당시 김용주는 포항 영흥학교를 인수했는데 그 학교 교사가 김미희였다.

포항에서 수산업과 운수업으로 많은 돈을 번 데다가 지역유지였던 장인의 친분, 김용주 소유의 학교에 근무했던 김미희의 인연으로 김용주가 두 사람 결혼의 주례를 본 것으로 짐작된다.

김용주는 김성곤이 첫 사업으로 1940년에 삼공유지합자회사라는 비누회사를 차렸을 때부터 음으로 양으로 많은 도움을 주었다.(새누리당 김무성 의원 부친으로 더 유명한 김용주는 친일파 논란이 끊이질 않는데 친일파 연구가인 정운현은 김용주에 대해 "일제 강점기에 경북도회 의원을 지냈으며, 전쟁 동원 친일단체인 조선 임전보국단 간부로서 일본군에게 '위문편지 보내기 운동'을 주도한 사실이 1941년도 매일신보에 실려 있다."며 "반민특위법 4조 8항에 따르면, 도, 부회 의원도 처벌 대상으로 삼고 있어 김용주는 친일파로 볼 수 있다."고 그를 평가했다.

총독부 기관지 매일신보 1941년 12월 9일 자에는 "금전용주—金田龍周—씨로부터 황군 장병에게 감사의 전보를 할 것을 긴급동의하야 만장일치로 가결"됐다는 내용이 실려 있다. 김용주가 세운 전남방직도 물론 적산을 불하받아 설립한 것이다.)

삼공유지를 설립한 김성곤은 대두유 비축으로 많은 돈을 벌었다. 해방 이후, 중국산 대두유 수입이 끊겨 생필품 곤란을 겪었는데 해방 전에 대두유를 많이 비축해 뒀던 김성곤은 대두유 값이 폭등해 앉은자리에서 손쉽게 돈을 벌었다.

해방되고 서울로 상경한 김성곤은 자신이 존경하는 김성수가 했던 사업을 쫓아 방직회사를 차린다. 시작은 당연히 적산 불하였다. 일제가 조선직물과 경기염직에 옮겨 설치해 놓고 간 포장도 뜯지 않은 방적기 2,000추를 싼값에 불하받아 금성방직을 설립한 것이다. 금성방직을 설립한 김성곤은 삼공유지를 매각했다. 이 금성방직은 성공에 성공을 거듭하여 쌍용그룹의 모체가 된다.

잘나가던 금성방직은 1950년 한국전쟁으로 그 공장이 잿더미가 되고 말았다. 김성곤에게는 최대의 위기였다. 그러나 역시 정부가 나서 다시 그를 도와준다. 금성방직이 운크라(UNKRA) 원조자금을 확보할 수 있게 규정까지 어겨가며 김성곤에게 혜택을 준 것이다. 금성방직은 운크라 원조자금을 바탕으로 공장 재건에 나서 재기했다. 당시 운크라 지원자금 규모는 방적기 1만8,480추의 시설을 도입할 수 있는 거액이었다.

원조
자금

재벌들이 50년대에 부를 쌓을 수 있게 한 또 하나의 수단이
바로 미국과 UN의 원조자금이었다.

원조자금은 UNKRA(유엔한국재건단) ICA(국제협조처) PL(미국 공법) –
480호 등 세 가지 경로로 들어왔는데 1953~1960년까지 한국의
총수입 중 74%가 원조였으며 정부수입액 중 40%가 원조금액이었
을 정도로 엄청나게 큰 규모였다.

1945~1961년 사이 미국이 한국에 제공한 원조 금액만 31억
3,730만 달러였다. 박정희가 일본과 한일협정을 맺으면서 받은 돈
이 3억 달러였고(무상 3억, 유상 2억, 상업차관 3억 달러) 미국이 아프리
카 대륙 전체에 지원한 원조 금액보다 우리가 받은 원조 금액이 더

많았으니 당시 미국 원조액이 어느 정도 규모였는지 짐작이 간다.

이 땅에 삼성그룹을 있게 한 제일제당과 제일모직도 이병철 개인 돈으로 설립한 것이 아니라 이런 미국 원조금으로 지어졌다. 삼성은 마산의 정미소로 출발했고, 이후 대구의 양조장을 거쳐 이병철이 서울로 올라오면서 무역업을 계기로 제일모직과 제일제당을 설립했다. 그런데 무역, 제당, 모직, 이 세 가지는 다 정부 도움과 미국 원조가 없었다면 성공하기 어려운 시장이었다. 이병철은 이걸 독점한 것이다.

정부 원조가 삼성에 쏟아졌다면 그것은 다른 말로 정부와 끈끈한 연결고리가 삼성에 있었다는 사실을 방증한다.(ICA 원조금액은 1953년에서 1961년 사이, 1,811만7,000달러였는데 제일제당이 이 중 3분의 1을 차지했다. 소모사도 마찬가지다. 【소모사는 소모방적 공정을 거쳐서 만들어진 털실의 총칭, 이 실도 원조로 이루어졌고 이병철은 제일모직을 만들어 모직업에도 진출했다.】 소모사에 대한 ICA 원조금액이 1954년에서 1961년까지 2,926만 달러였고 이 중, 제일모직이 절반 이상을 가지고 갔다.

ICA뿐만이 아니다. PL-480호 농산물무역촉진원조법에 따른 잉여농산물 원조로 1954~1961년 사이에 수입된 금액이 1억2,162만 달러였고, 이 원조금액도 대한제분, 조선제분, 제일제당이 전체의 절반을 가져갔다.)

이런 원조자금은 당시 달러 공정환율 시세의 절반 이하였으므로 재벌들이 원조 자금을 받는 것만으로도 앉아서 돈방석에 올라앉았다. 가령 1953~1960년간 실수입은 27억8,300만 달러인데 공정환율과 시장환율 간 차이가 2배에 육박해 외환을 배정받은 재벌들은 가만히 앉아서 13억420만 달러를 벌어들였다.

우리 재벌은 이런 황금 원조를 독점으로 받아 성장했다. 삼성물산(이병철) 삼호무역(정재호) 대한산업(설경동) 개풍무역상사(이정림) 반도무역(구인회) 대한농업(박용학)은 전부 유리한 환율이 횡행하던 때 설립된 회사들이다.

원조자금 중 하나인 PL-480호는 미국 잉여농산물(剩餘農産物)로 제공된 것으로, 정부는 이를 국내 제조업체에 팔아 국가 재정으로 사용했다. 원조 농산물을 국민에게 무료로 나눠 주지 않고 장사를 한 셈이다. 어쨌든 이런 잉여농산물 도입으로 농산물 가격은 하락하고 농업에 종사하는 농민은 빚에 허덕이면서 농민층은 분해됐다.

몰락한 농민들은 도시로 올라와 대부분이 노동에 종사하며 도시빈민으로 전락한다. 도시빈민이 탄생하면서 재벌들은 결과적으로 세계에서 제일 값싼 노동력을 확보하게 됐다. 여러모로 재벌들이 부를 축적하는 데 호시절이었다.

이런 원조자금 특혜는 이승만 정부에 이어 박정희 정부에서도 이어진다. 박정희 정권은 국내에 부족한 재원을 외자로 충당했는데 그 규모는 이승만 정부 이상이었다.

1960년대에는 투자재원을 조달하는 데 40% 이상을 외채에 의존했고, 1971년에는 외채가 국민총생산(GNP)의 7.8%에 달했다. 한데 이런 외자도입의 알맹이도 역시 재벌들의 몫이었다.

1960년대 일반은행 대출금리는 17.5~26%로 높았지만, 외자 금리는 5.6~7.1%에 불과했다. 외자 받아서 은행에만 넣어 놓아도 부를 쌓을 수 있었던 것이다. 우리 정부는 여기에서 그치지 않고 재벌이 빌린 외자에 지급보증까지 섰다. 특혜에 특혜를 얹어준 것이다. 박정희 정부는 또 '저곡가 정책(低農産物價格政策)'까지 시행했으니 도시빈민들은 더욱 늘어나고, 재벌은 값싼 노동력을 활용해 엄청난 부를 축적할 수 있었다.

이 저곡가 정책과 미국 잉여농산물 원조에 직접 타격을 입은 지역은 곡창지대인 호남이었다. 농업에 종사하던 인구가 대부분이던 호남지역 사람들은 박정희식 개발정책에 밀려 수도권으로 일자리를 찾아 이동할 수밖에 없었고 호남 인구는 줄어만 갔다.

1960년에 전체 호남 인구는 590만 명으로 영남의 790만 명에 200만 정도 차이밖에 보이지 않았으나 15년 뒤인 1975년에는 영남이 1,000만 인구를 돌파했을 때, 호남 인구는 650만 명에 그쳤다. 1985년에는 영남이 1,200만 명, 호남은 590만 명으로 호남 인구는 오히려 줄어들었다.

도시로 이동한 호남인들은 도시빈민으로 전락했다. 영화, 코미디, 드라마에서 하류 인생을 사는 사람들 언어는 대부분 전라도 사투리로 묘사됐다. 뿌리 깊은 전라도 차별과 멸시는 그때 이미 잉태됐다.(지방에서 대도시로 이주하는 현상은 역시, 농촌에서 먹고살 수 없었기 때문이다. 박정희는 "수출로 먹고살아야 한다."는 '수출 제일론'을 펴며 값싼 제품을 해외에 팔아치웠는데 값이 싼 제품을 만들려면 노동자 임금을 착취하는 게 가장 쉬운 방법이었다.

그러려면 많은 도시 노동자가 필요했고 이는 '저곡가 정책'으로 나타났다.

박정희 정부의 저곡가 정책과 '새마을 운동'으로 농촌이 얻은 빚은 새마을 운동 전보다 21배가량 폭증한다. 농민들이 더는 농촌에 살 수 없게 된 것이다. 지역민들은 서울로, 서울로 '서울 러시'를 이루기 시작했다.

1960~1970년 사이에 서울 인구는 245만에서 550만 명으로 10년 만에 100% 이상 증가했다. 학력이 떨어지고 기술이 없었던 농촌이주자들은 도시빈민이 됐고 이들은 단순노동에 종사할 수밖에 없었다.)

훗날 김성곤이 세운 쌍용의 대표기업인 쌍용양회와 쌍용제지도 외자를 도입해 세운 회사다. 가장 많은 외자를 받은 회사가 바로 쌍용이었다. 정권의 중심 부분에서 항상 움직였던 그에게 다른 재벌보다 더 많은 혜택이 돌아간 것은 어쩌면 당연한 일인지도 모르겠다.

박정희 시대 때 기자로 맹활약한 문명자는 김성곤을 "늘 권력의 지근거리에 붙어 있으면서 양지를 좇았던 사람"이라고 표현했는데 그래서였던가, 김성곤은 좌익진영에도 가담한 바가 있다. 매판자본가와 좌익이라는 어울리지 않는 직함을 모두 달고 있었던 사람이 김성곤이었다.

그가 사회주의 활동을 한 때는 물론 좌익이 남한사회에서 활개를 쳤던 해방 직후였다. 그가 친하게 지냈던 사람이 바로 박정희의 형 박상희와 북에서 밀사로 내려왔다가 남한에서 사형선고를 받은 황태성이었다.(황태성은 박정희가 가장 존경하는 인물인 친형, 박상희와 친구였다. 그래서 박정희도 어렸을 적부터 황태성을 형님이라 모시며 따랐다. 이후, 박상희는 '대구 10·1 사건'으로 사망하고, 황태성은 이를 피해 월북했다.

박정희는 만주로 갔다가 일본이 패망하자 한국으로 되돌아와 한국군에 편입했다가, 여수순천사건으로 군복을 벗은 뒤 한국전쟁으로 군에 복귀하여 쿠데타로 정권을 잡았다.

박정희가 정권을 잡자 김일성은 대단히 고무됐는데 그도 그럴 것이 박정희는 분명 사회주의에 심취한 인물이었기 때문이다. 철저한 반공주의자 이승만과는 다른 사람이었던 것이다.

박상희는 사회주의의 심장과도 같은 인물이었다. 김일성이 박정희가 쿠데타를 일으키자 어찌 내심 기뻐하지 않았겠나. 그러나 김일성은 곧바로 실망하니 그것은 박정희가 쿠데타 뒤 제일 먼저 발표한 성명인 '반공을 제1의 국시로 삼는다.'는 조항 때문이었다.

북한은 헷갈렸다. 박정희 의중이 뭔지 모르겠다는 것이었다. 그래서 김일성은 황태성을 밀사로 남한에 파견한다. 밀사로 파견된 황태성은 먼저 박정희 고향으로 가 친구 처(妻)와 만남을 시도한다. 황태성은 박상희와 박상희의 처 조기분(혹은 조귀분)을 중매해서 둘을 결혼시킨 장본인이고 박상희와 조기분의 딸인 박영옥이 박정희 정권의 이인자 김종필과 결혼했으므로 제일 먼저 조기분을 찾아간 게 아닌가 생각된다. 그러나 황태성 편지를 받은 조기분은 이 편지를 사위인 중앙정보부장 김종필에 전달하고 황태성은 체포됐다.

황태성이 한국으로 들어왔다는 사실을 첩보로 이미 파악한 미국은 박정희에게 황태성의 신병을 인도하라고 요구했으나 이상하게도 박정희는 이를 거부했다. 그래서 이즈음 미국에서도 박정희의 사상을 의심하기 시작했다.

황태성이 남하한 게 1961년이었는데, 이때 황태성은 꽤 큰돈을 들고 들어왔다. 입때까지만 해도 북한은 남한보다 경제사정이 좋았다. 이 돈이 무얼 의

미하는지는 알 수 없지만 어쨌든 이 돈을 대한민국, 누군가가 썼을 것이다.

1963년 대통령선거에 박정희 경쟁자로 나선 윤보선은 이 돈을 거론하면서 박정희의 사상을 물고 늘어졌다. "황태성이 들고 온 그 돈을 가지고 공화당을 창당한 것 아니냐?" 하는 것이었다. 그러나 윤보선의 이런 색깔공세에 박정희는 "그래 우리 형 친구가 황태성 맞다. 그런데 그게 어떻단 말인가?"라며 정면 돌파로 나섰고 윤보선은 단 15만 표 차이로 박정희에게 지고 만다. 이렇게 대통령에 당선된 박정희는 계속되는 야당 공세와 미국의 의심을 차단하려고 당시 서대문형무소에 수감 중이던 황태성을 사형시켰다. 이런 황태성과 김성곤의 관계가 돈독했다는 점이다.)

5, 6공 시절 실세로 불리던 김윤환의 형, 김규환도 공산주의자였는데 김성곤은 김규환을 신임해, 자신이 인수한 동양통신에서 일하게 하고 음으로 양으로 김규환을 지원했다. 이렇게 공산주의에 빠졌던 김성곤은 이승만 정권에서 이인자로 불리던 이기붕이 대구로 피난을 내려오자 그와 사귀어 이기붕의 권유로 자유당에 입당, 자유당 재정부장까지 지낸다.

목포에서 봉이 김선달 사건이 일어나게 된 연유에는 김성곤의 이런 전력 탓이 크다. 김성곤이 보인 기회주의적 처신을 문명자는 이렇게 비판했다.

자유당 재정부장에다 신문사, 통신사까지 소유하게 된 김성곤은 자식들을 모두 도쿄에 유학시키면서 도쿄에 부지런히 왔다 갔다 했다. 내가 김성곤을 처음 본 것은 바로 그 무렵이었다. 나는 그때 여원 사의 도쿄지국장으로 일하고 있었다.

그런 김성곤도 4·19 이후 마침내 부정축재자로 걸려들었다. 그러나 그때도 그는 법망을 무사히 빠져나온다. 1960년 12월, 내가 미국 존 크로니클 신문사 초청으로 미국 방문을 앞두고 있던 무렵에 나는 도쿄에 온 김성곤과 다시 한 번 만나게 됐다. 그는 동양통신과 미국 UP 통신사의 계약 갱신을 위해 자기도 곧 미국에 간다고 했다.

"그런데 문 기자, 내 처가 막내를 임신해 지금 만삭이라 곧 출산하러 미국으로 떠날 텐데 말이오. 미국에서 출산을 하면 아이는 물론이고 부모에게도 시민권을 준다는 게 사실인지 좀 알아봐 주시오."

"글쎄, 잘은 모르지만 그럴 리가 있습니까?"

"하여간 좀 부탁하오. 뉴욕에서 만납시다."

나는 내심 '이 사람은 그런 전력을 가지고도 정권이 부침할 때마다 교묘하게 살아남더니 이젠 미국 시민권까지 필요한 모양이구나!' 싶었다. 내 얘기를 다 듣고 난 남편은 중얼거렸다.

"대한민국에서는 도대체 어느 놈이 암까마귀고 어느 놈이 수까마귄지 알 수가 없구먼."

실제로 김성곤의 막내아들 김석동은 미국에서 태어났다.

박정희 정권에서

승승장구한 김성곤

자유당 재정부장을 지낸 김성곤은 4·19 혁명으로 정계에서 은퇴하지만, 박정희가 벌인 부정축재자처벌의 칼날을 피해 5·16 쿠데타 이후, 공화당 재정위원장으로 화려하게 복귀한다.(그가 자유당에서 핵심 당직을 맡았고 부정축재를 일삼았는데도 부정축재자처벌에서 피해 나간 것은 앞서 언급한대로 박정희의 형과 관계가 있었기 때문이다.)

그 뒤 김성곤은 공화당과 박정희의 검은돈을 제멋대로 주물럭거렸다. 모든 공화당 돈은 일단, 김성곤에게 들어갔다가 집행됐으며 박정희의 은밀한 돈도 그의 손에서 움직였다.

박정희 정권은 국회의원·대통령 선거 당시 엄청나게 많은 돈을 뿌렸는데, 그 돈은 일본과 미국 기업으로부터 부정적으로 받은 것이었다. 우리말로 하면 뇌물, 영어로 하면 커미션이나 리베이트라 불리고 일본어로 하면 와이로인 그 검은돈은 선거에 활용됐다. 박 정희는 미국 기업으로부터 총 850만 달러를 받았는데 미국 다국적 석유 기업 걸프 사에서 가장 많은 돈을 받았다.

1975년 미 증권거래위원회는 "미국 기업들의 해외뇌물이 기업 건전성을 해친다."며 조사에 나섰고 청문회를 실시한다. 이 청문회 에 출석한 미국 기업 총수 중 한 사람이 걸프 사 밥 도시 회장이다.

청문회에 출석한 밥 도시는 "걸프 사가 해외 70여 개국에서 사 업을 벌이면서 모두 500만 달러를 정치자금으로 제공했으며 그 가 운데 80%인 400만 달러를 한국 공화당에 전달했다."고 증언했다.

구체적으로 살펴보면 1967년 대통령선거를 앞두고 100만 달 러, 1971년 대통령선거를 앞두고는 300만 달러를 박정희 정권에 줬다고 했다. 밥 도시 회장이 박정희의 돈 창구로 활용한 사람이 바 로 김성곤이다.

박정희 대통령은 "나는 모르는 일이며 모든 것을 김성곤이 알아 서 했다."라고 잡아뗐지만, 기밀 해제된 미 국무부 비밀전문을 살펴 보면 밥 도시 회장은 "1967년 100만 달러, 1970년 300만 달러를 박정희 정권에 전달한 뒤, 박 대통령으로부터 두 차례 모두 고맙다 는 인사를 전달받았다."고 기록되어 있다.

청문회에서 밥 도시 회장은 "박정희 대통령이 대통령선거에서 박빙의 차이로 승리했는데 걸프 사 기부가 이 같은 차이를 만들어 낸 것이 아닌가?"라는 클라크 상원의원의 질문에 "통계적으로 볼 때 당신의 주장이 맞는다고 받아들인다."라며 걸프 사가 제공한 금품이 박정희를 대선 승리로 이끌었다고 인정했다.

그럼, 걸프 사는 왜 공화당과 박정희에게 돈을 전달했나? 이득을 가장 큰 가치로 보는 기업이 아무 이유 없이, 아무 조건 없이 한국의 집권당과 대통령에게 돈을 갖다 바치지는 않았을 것이다. 돈을 쳤을 땐, 반대급부로 나오는 뭔가가 있을 것이다. 삼척동자도 유추할 수 있는 사실 아닌가?

SK 전신이던 유공, 이 유공의 전신은 바로 대한석유공사다. 대한석유공사는 걸프 사가 25% 지분을 투자해서 만든 합작회사였다. 정유회사를 차릴 때 들어가는 막대한 돈이 부담됐던 박정희는 걸프 사가 지분을 투자할 수 있도록 했고 이 회사는 한국에 지분을 투자하는 대신 비싼 값에 한국 기름 시장을 독점할 수 있었다. 박정희는 걸프 사에 특혜를 준 대가로 그들로부터 로비자금을 받아낸 것이다.

한국은 1960년대 이후로 초고속 경제성장을 하며 '기름 먹는 하마'로 성장했으니, 이는 걸프 사가 한국에 눈독을 들이기에 충분했다. 이에 지분을 야금야금 늘린 걸프는 1970년에 석유공사 지분을 50%까지 늘린다. 한국의 기름 사업은 걸프 사 손아귀에 떨어진 것이다. 어쨌든 3,000만 달러를 투자한 걸프는 5,100만 달러를 되가져갔다. 9,300만 달러어치 주식은 덤이었다.

일본은 미국보다 더했다. 김종필은 한일협정을 바탕으로 일본 기업들이 한국에서 독점적으로 사업할 수 있도록 편의를 봐줬다.

그 중심에는 세지마 류조의 이토추상사가 있었다. 이를 흔히 '배상 비즈니스'라고 한다. 배상 비즈니스는 수의계약이었으므로 계약을 따낸 회사는 막대한 이득을 거머쥘 수 있었고, 이 이득 중 일부는 리베이트 명목으로 공화당과 박정희에게 다시 흘러들어 갔다.

이토추상사는 이 배상 비즈니스를 따내려고 세지마 류조뿐 아니라 박정희와 일본육사 동기인 다카하라까지 영입하며 한국에 공을 들였다. 이렇게 한국에서 독점 사업권을 따낸 일본 기업들은 그 대가로 공화당에 정치자금을 제공했다.

1966년에 만들어지고 최근 비밀 해제된 미국 CIA 비밀문서 〈한일관계의 미래〉라는 보고서에는 "1961년에서 1965년 사이 공화당 예산 중, 3분의 2가 일본에서 받은 자금이었다."고 기록하고 있다. 그때 받은 돈이 6,600만 달러였다. 이 돈도 역시 김성곤이 주도적으로 행사했다.

이토추상사는 대통령선거에서 박정희가 어려워지자 박정희에게 밀가루를 대량 제공하는데, 박정희는 그 밀가루를 농촌 지역에 무료로 나눠주는 선심을 쓰기도 했다.

■ 일본 관동군에서 신화적 존재였던 세지마 류조. 박정희와 전두환은 그런 그를 존경했고 세지마 류조는 한국경제에 지대한 영향을 미쳤다. 일본의 베스트셀러 소설 《불모지대》는 그를 모델로 해서 펴낸 책이다.

1996년 교도통신사가 펴낸 《침묵의 파일-세지마 류조는 무엇이었는가》에도 관련 이야기가 나온다. 1960년대 말에 착공에 들어간 영동화력발전소 1, 2기는 모두 세지마 류조의 이토추상사가 건설한다. 총공사비는 2,600만 달러였고 김성곤은 여기서 4%를 커미션으로 가져갔다. 이토추상사는 커미션을 김성곤의 샌프란시스코 아메리카은행(BOA) 비밀계좌로 입금했다.

김성곤이 관련된 일본의 검은돈은 이것 말고도 또 있다. 한국은 1974년 8월에 지하철을 개통한다. 이때 공사는 한국에서 담당하고 기술과 지하철 등은 일본에서 담당했다. 그리하여 미쓰비시, 히타치 등 4개 회사가 한국에 열차를 판매했는데, 이 열찻값을 일본 내 열차 가격보다 2배 이상 뻥튀기한 것이다. 부풀려 판 금액은 당연 리베이트로 한국으로 역송금됐다.

일본의 4개 회사가 지하철 차량 납품으로 거둔 이익은 모두 21억7,000만 엔, 그 돈 중에 250만 달러가 한국으로 역송금됐다. 결국, 이 사건은 일본 국회에까지 보고돼 시끌시끌했다.

열차를 판 회사 중 하나인 미쓰비시 상사 회장은 "250만 달러를 미국에 있는 한국 외환은행 지점으로 보냈다."고 실토했다. 그러나 그 계좌가 누구 것인지는 끝끝내 입을 열지 않았다.

사건은 그렇게 묻히는 듯했으나, 아사히신문의 오치아이 히로부미 기자가 마침내 이 사건을 추적해 진상을 밝혀낸다. 그 계좌의 주인은 바로 김성곤이었다. 다음은 오치아이 기자의 말이다.

그 돈에 취지를 물어보니 특별 커미션이란 말을 했습니다. 말하자면 리베이트입니다. 저는 취재를 더 진행해서 상사도 정부도 말 못하는 한국의 거물이 누구인지 알아보았습니다. 그래서 체이스맨해튼과 외환은행에 구좌명을 알아보니 이름이 알파벳으로 S. K. KIM이었습니다. 즉 공화당의 재정위원장인 김성곤이라는 사실을 알았죠.

더 재밌는 것은 김성곤 계좌에서 다시 130만 달러가 일본으로 역송금됐다는 점이다. 그러니깐 박정희는 120만 달러만 먹고 130만 달러는 일본의 누군가가 먹었다는 얘기다.

중앙정보부장 김형욱은 그 돈이 박정희가 평소 흠모했다던 일본의 전 수상 기시 노부스케라고 밝혔다. 김성곤이 공화당에서 어떤 존재였는지, 박정희는 김성곤을 어떻게 생각했는지 잘 나타내주는 일화다.

김성곤은 미국과 일본 기업으로부터 받은 돈을 정치자금으로 마음껏 썼다. 오죽했으면 이명박 정부 때 방송통신위원장이었던 최시중이 김성곤을 보고 "정치판에는 얼씬도 하지 않을 것이다."는 말을 했겠나.(최시중은 김성곤의 아들인 김석원의 입주 가정교사로 김성곤의 집에 머물렀는데, 김성곤 집에 방문하는 정치인들이 집으로 돌아갈 때마다 두둑한 봉투를 들고 나가는 것을 보고 정치에 혐오를 두었다고 한다. 이렇게 정치에 혐오를 두었던 최시중이었지만 이명박 정부에서 방송통신위원장으로 맹활약하다가, 특정범죄 가중처벌법상 알선수재 혐의로 구속되고 실형을 선고받았다.)

- **김성곤**(중앙위 의장) **길재호**(정책위 의장) **김진만**(재정위원장. 동부그룹 회장 김준기의 아버지) **백남억**(당의장)

 박정희 정권에서 일종의 금고지기로 승승장구하던 김성곤은 '10·2 항명 파동'으로 정계에서 영원히 사라지고 만다. 당시 공화당은 '4인 체제'라고 해서 김성곤(중앙위 의장) 길재호(정책위 의장) 김진만(재정위원장, 동부그룹 회장 김준기의 아버지) 백남억(당 의장)이 주류를 이루고 있었다. 과연 이 4인 체제는 어떻게 탄생했나? 처음 이 4인 체제는 김종필 견제용으로 박정희가 주도한 것이었다.

 박정희 대통령은 이인자라는 단어를 체질적으로 싫어했다. 이인자, 후계자라는 단어만 들어도 경기를 일으킬 정도였다. 그래서 박정희 정권 내내 이인자는 없었다. 박정희 특유의 인사법인 '분할통치(divide and rule)'로 부하들 충성경쟁을 끌어냈다. 4인 체제는 그런 박정희 특유의 인사법이 탄생시킨 것이다.

 그러나 4인 체제는 자신들이 당의 주류라고 자신하고 박정희에게 반기를 들었다. 특히 김성곤은 박정희의 3선 임기가 끝나는 1970년대 중반을 내다보고 권력구조를 개편하려고까지 했다. 즉,

"대통령은 이번이 마지막"이라는 박정희 말을 믿은 것이다. 그렇게 나온 것이 'SK 구상'이다.

박정희가 3선으로 물러나면 일본과 같은 내각책임제를 시행하겠다는 복안이었다. 그 체제에서 김성곤은 국무총리를 꿈꾸었고……. 'SK 구상'이 박정희의 귀에 들어가자 박정희는 4인 체제를 견제하지 않으면 안 됐으니 그렇게 해서 나온 복안이 있었다. 바로 김종필 총리, 오치성 내무부 장관 카드였다.

박정희는 3선 개헌에 일등공신 역할을 한 4인 체제를 억누를 필요성을 느꼈고 그 전위부대원으로 오치성을 발탁한다. 오치성에게 "4인 체제를 견제하라"는 것이었다.

박정희가 의도한 대로 오치성은 내무부 장관에 부임하자마자 4인 체제와 가까운 시장, 경찰서장 등 공무원들을 모조리 보직 해임했다. 1971년 6월 12일, 도지사 인사에 이어 6월 18일 경찰 간부 승진과 대이동을 단행했고 이어서 전국 시장·군수, 경찰서장 등도 모두 교체했다.

오치성이 이렇게 할 수 있었던 데는 당연히 믿는 구석이 있었기 때문이다. 오치성이 전국 공무원 인사를 마구잡이로 휘두를 때, 공화당 원내총무 김재순이 오치성을 찾아가 먼저 말을 꺼냈다.

오 장관. 지금 공무원 인사 때문에 너무 시끄럽습니다. 조금 자중하는 게 어떠신지요?

이 이야기를 들은 오치성은 아무 말 없이 안주머니에서 서류뭉치를 꺼냈다. 그 서류에는 경찰 간부 명단이 적혀있었고 명단 위에 점, 선 등이 이리저리 그어져 있었다. 오치성은 김재순에게 다음과 같이 말했다.

이 서류에 쓰인 글씨가 누구 글씨인 줄 알겠습니까?

이렇듯 오치성 내무부 장관 카드는 박정희의 4인 체제 견제에서 시작된 것이었다. 문제는 당시 국내 정세였다. 실미도 사건, 광주대단지 사건, 사법파동 등이 줄줄이 터지면서 야당은 행정부에 책임을 묻고 오치성 내무부 장관 해임 건의안을 국회에 제출하기에 이르렀다.

당연히 박정희는 공화당에 '오치성 해임 건의안을 부결시킬 것'이라는 지시를 내렸다. 공화당 의원 숫자가 많으므로 반란표만 없으면 해임 건의안이 부결되는 것은 기정사실이었다. 그런데 오치성에게 당했던 '4인 체제'는 이를 기회로 삼아 자신들 계보에 속한 공화당 내 국회의원들에게 해임 건의안을 찬성토록 종용했다.

투표 결과 '오치성 내무부 장관 해임건의안'은 통과됐다. 대통령이 내린 명령을 어긴 항명사건이 터진 것이다. 이를 '10·2 항명 파동'이라고 한다.

4인 체제 주인공들은 스스로 이 정권을 탄생시킨 일등공신이며 주류라고 생각했고 대통령도 함부로 못 할 거라고 여겼다. 특히 김성곤은 공화당 모든 재정, 박정희의 모든 검은 밀착에 관여했으므로 자신감이 넘쳤다. "돈줄을 틀어쥔 나를 대통령이라고 해도 어쩌지 못할 것이다."라고 생각한 것이다. 그러나 그것은 완벽한 계산 착오였다.

박정희는 반란을 주도한 '4인 체제'를 다시는 정치판에 기웃거리지 못하도록 남산으로 끌고 가, 녹초가 되도록 두들겨 팼다. 국회의원 불체포특권 따위, 면책 특권 따위가 당시에 어디 있었겠나, 각하 말이 곧 법인 시절이었는데.

길재호는 고문 후유증으로 결국 지팡이 짚는 신세가 됐고 '카이저수염'을 상징으로 길렀던 김성곤은 새까만 어린 중정 요원에게 그 수염을 뜯기는, 그것도 한쪽만 뜯기는 굴욕을 맛봤다. 여기에 충격을 받은 김성곤은 고문 후유증으로 고생하다가, 10·2 항명 파동이 있고 4년 뒤인 1975년, 63세의 일기로 사망한다. 다음은 고은 시인의 역작 '만인보'에 등장하는 김성곤의 모습이다.

눈 서글서글
코 아래 수염 서글서글
마음속 휑뎅그렁하다
아이들이 돈 10원 달라 하면 듬뿍 2백원 준다

해방직후
대구의 어느 해 10월

박상희 황태성과 함께
그 가을의 항쟁을 주도한 재정부장이었다
그 뒤 사변 지나
두 마리 용으로 이름 지어
쌍용시멘트
쌍용증권
그리고 동양통신

그 두꺼운 손바닥
그 깊숙한 주머니 항상 두둑했다
궂은 날 질퍽질퍽한 인심

70년대 초
정계에 발 들여놓아
여당 공화당을 손아귀에 쥐었는데
항명 파동으로
그 수염 몽땅 뽑혔다 온몸 짓이겨졌다
남산 지하실에서
'이 새끼 이 빨갱이 새끼 제 버릇 못 버리고!'

그곳에서 나와
정치도

사업도

그리고 삶도 허허벌판

떠도는 구름이 차라리 옳았다

그렇게 구름이 되어 불현듯 떠나갔다

한진
————
조중훈

조중훈은 1920년 2월 11일,

서울 서대문구 미근동에서 부친 조명희, 모친 태 씨 슬하 8남매
중 둘째로 태어났다. 부친 조명희는 서울에서 10대째 살아온 토착
지주로 상당한 부자였다.

조중훈은 미동초등학교, 휘문고보를 거쳐 진해 해원양성소(해양
대학교의 전신) 기계과에 입학하고 졸업한 뒤, 도일(渡日)했다. 일본으
로 건너간 뒤엔 고베에 있는 후지나가다 조선소에 취직, 20세가 되
던 해에 2등 기관사 자격증을 취득했다.

도일한 지 3년 만에 1등 기술자 대우를 받으며 수송선 '헤이안
(平安)호'를 타고 천진, 상해, 홍콩, 마카오, 마닐라 등지를 오가는 기

회를 얻었다. 청년 조중훈은 이때 광활한 대륙인 중국을 바라보며 미래를 꿈꾸었다고 한다. 그의 회고를 들어보자.

나는 천성이 직장생활과는 인연이 먼 것 같았다. 우수한 엔지니어로 인정받고 두둑한 봉급을 받아 주위의 눈길을 끌기는 했지만, 마음 한구석에는 무언가 항상 허전한 감이 느껴지는 것은 어쩔 수 없었다. 광활한 중국 대륙을 돌아본 나는 내가 할 일이 따로 있다는 것을 절실히 깨달았다.

1942년에 귀국한 조중훈은 보링 기계를 사, 서울에 '이연공업사'라는 간판을 내걸고 엔진, 용접, 기계 수리 등을 전문으로 하는 가게를 열었다. 그런데 이내 일제가 내린 기업정비령으로 이연공업사는 군수업체인 마루메니 회사로 합병된다.

그해 겨울, 조중훈은 이연공업사를 정리할 때 일제로부터 받은 돈으로 트럭 한 대를 사, 인천에 수송업체 '한진상사'를 세웠다. 이 한진상사가 지금의 한진그룹의 모태가 된다.(일제가 기업정비나 조선일보, 동아일보 등 민간신문을 폐간하며, 기업은 강제로 빼앗고 신문은 갑작스레 발행을 중지시킨 것으로 아는 독자가 많을 테지만 사실이 아니다. 물론 '기업정비령'으로 우리 민족자본은 기업 활동에 기반을 잃었고 신문 강제 폐간으로 언론 자유도 사라졌으나 아무 보상 없이 약탈한 것은 아니었다.

일제가 기업정비나 신문 폐간을 시행한 것은 전쟁이 장기화하면서 효과적인 물자대책을 위해 전시체제를 강화하고, 조선을 병참 기지화하려는 데 있었

■ 한진그룹 창업주인 조중훈 회장. 1989년 진행된 대한항공 보잉 747-400 슈퍼 점보기 1호기 도입식에서 기념 촬영하는 모습. 출처: 자유경제원 갤러리

다. 즉, 기업을 강제 합병시키며 배상을 전혀 하지 않은 것은 아니란 의미다. 이것은 '국가총동원법'에 의한 노무자 강제 징용과는 확연히 다르다.

총독부는 기업 간 과당경쟁을 막고 원자재를 줄이려는 목적으로 업종이 같거나 비슷한 업체를 통폐합시켰고 신문도 같은 논조를 보이는 민간신문을 셋씩이나 둘 필요가 없다고 여겼다. 이미 물자 절약 차원에서 폐간을 유도한다는 방침을 세워두고 있었다. 일본 본토 신문들도 반 이상 물자절약 차원에서 폐간됐다.

일제는 조선일보와 동아일보를 폐간시키면서 조선일보에 80만 원, 동아일보에 50만 원을 폐간 비용으로 안겼는데 전투기 한 대가 10만 원 하던 시대였으니 상당한 금액이 아닐 수 없다. 조중훈도 이연공업사를 넘기면서 꽤 많은 보상을 받았을 것이다.)

당시 인천에는 50여 개에 달하는 중소 화물업체가 난립했으나 조중훈은 주한미군과 계약을 맺으며 일약 최고의 운송업체로 발돋움한다. 한국 현대사에 정통한 브루스 커밍스 교수는 자기 저서 《한국 현대사》에서 조중훈의 성공 원인을 다음과 같이 기술했다.

■ 1945년 11월경 인천 한진상사 전경. 출처: 한진그룹

1957년에 군사원조로 4억 달러가 추가된 데다가, 주한미군 경비로 또 3억 달러가 더 추가됐다. 한국에 대한 군사원조 액수는 유럽 전체에 대한 군사원조 액수보다 상당히 높고 라틴아메리카 전체에 대한 군사원조 액수의 4배다. 이것들은 단순한 계산이지만 액수의 크기는 놀라운 것이다.

이 수치들에는 셀 수 없는 것들, 즉 수십만의 미국인들이 한국에서 이런저런 일로 쓰는 돈들이 빠져 있다. 또한 장외자금 시장과 암시장에서 교환되는 비공식적이지만 종종 어마어마한 자금들을 계산에 넣을 수도 없을 것이다. (…)

이승만은 이병철한테 제일제당과 제일모직과 같은 이전의 일본 기업들을 두드러지게 유리한 구매가격으로 내어주었다. 삼성은 이런 호의를 기억해두었다가 선거철에 보답하는 것이었다. 이병철은 기억력이 흐리지 않은 사람이어서 나중에 이승만의 자유당에 6,400만 환을 주었다는 혐의로 기소됐다.

주한미군의 존재 역시 군대식의 수입대체화를 가능하게 한 요인이었다. 이승만 정권과 미 제8군의 젖줄을 차지하는 경쟁에서 역대의 승리자는 나중에 대한항공까지 거느리게 된 한진기업의 사장인 조중훈이었다. 1950년대 내내 그는 주한미군과 운송계약을 맺었는데, 그 금액은 1960년에 이르러서는 연간 228만 달러에 달했다. 그는 또한 미군으로부터 잉여의 버스도 얻어 서울과 인천 사이의 버스노선을 개설할 수 있었다.

조중훈은 미군들 마음을 얻고자 제 지프를 타지 않고 일부러 고가의 벤츠 중고차를 몰고 미군 경내를 드나들며 임기를 마치고 귀국하는 미군 장교들에게는 송별연까지 열어줬다. 미군 운송담당자들에게 로비와 접대도 이루어졌다.

이 효과는 곧 나타나 1956년 11월 1일, 미8군 운수참모부장실에서 계약금액 7만 달러, 6개월 계약으로 미군과 운송계약을 성사시킨다. 당시 우리나라 1인당 국민소득이 100달러였던 점을 고려하면 7만 달러짜리 계약은 엄청난 규모다. 이를 시점으로 이듬해엔 10만 달러, 1960년엔 100만 달러로 계약 금액을 경신했다.

조중훈이 미군 독점사업으로 미군들과 맺은 친분은 베트남 전쟁에서 꽃을 피운다. 주한미군으로 근무하던 장성들의 도움으로 주월 미군이 화물을 운송하는 일까지 맡은 것이다. 베트남에서 돈을 무지막지하게 벌어다 주었던 장본인이 바로 미군이었다.

조중훈은 베트남에서 1억200만 달러를 벌어들였다. 1964년 한국은행이 보유한 외환 가용금액이 4,700만 달러였다. "한진그룹은 베트남 전쟁을 발판으로 지금의 한진그룹으로 성장할 수 있었다."고 해도 과언이 아니다.

그러나 아무리 조중훈이 미군들과 친하다고 해도 월남에서 독점사업을 하려면 우리나라에서 월남 독점사업권을 먼저 받아내야 한다. 미군과 친한 것은 그다음 일이다.

마침 한국은 경제발전을 목표로 일본에서 돈을 빌려야 하던 시점이었다. 이때 조중훈이 대부 선발대로 자청해 일본으로 건너갔다. 일본으로 건너간 조중훈은 미군 장교들과 맺은 친분을 십분 활용해, 일본 자민당 실력자 다나카 가쿠에이와 인연을 맺고,(다나카 가쿠에이는 결국 일본 수상 자리에 오른다.) 차관 2,000만 달러를 빌려오는 데 성공했다. 이에 박정희는 조중훈에게 월남 운송사업 독점권을 선사한 것이다.

이렇게 박정희 정권과 깊숙한 관계였던 조중훈은 훗날, 박정희가 '김대중 납치사건'으로 위기에 몰리자 구원투수로 나선다. 김대중이 납치되면서 국제적으로 시끄러워질 조짐이 보이자 박정희는 1973년 11월, 김종필을 일본에 특사로 파견한다. 당시 일본 수상은 조중훈과 친분이 있던 다나카 가쿠에이였다.

■ 조중훈(가운데) 회장은 미군에 신뢰를 심어주기 위해 캔맥주를 옮기는 일을 시작했다. 조중훈의 한진은 미군과의 친분, 월남특수, 정권의 밀어주기로 재벌반열에 올라설 수 있었다. 출처: 자유경제원 갤러리

김종필과 다나카 수상이 만난 뒤로 일본사회와 정계에서 김대중 납치사건을 성토하는 분위기는 급속도로 줄었다. 다나카 수상과 김종필의 면담에서 어떤 이야기가 오간 것일까?

표면으로는 한국 정부가 보낸 특사 자격으로 김종필이 김대중 납치사건에 대해 다나카 수상에게 사과했다. 그러나 이 이면엔 또 다른 뭔가가 있었을 것이다. 그렇게 나온 것이 김종필이 다나카에게 3억 엔을 주었다는 의혹이었다. 그러나 특사 김종필이 다나카를 만나는 자리에서 돈을 직접 주지는 않았을 터다. 공교롭게도 막후 교섭을 지휘한 사람이 바로 조중훈이었다. 백악관 출입기자 문명자는 이 문제에 대해 이렇게 말했다.

김대중 납치 사건 발생 후 나는 다짐했다. 기자생명을 걸고 이 사건의 진상만큼은 우리 국민 앞에 명명백백히 드러내고야 말겠다는 생각이었다. 그것은 피해자인 김대중 씨를 위해서만이 아니었다. 자기 정권 유지를 위해 민족 전체의 명예를 실추시킨 박정희 정권을 민족 앞에 심판해야 한다는 분노 때문이었다.

자기 나라 야당 대통령 후보를 다른 나라도 아닌 일본 땅에서 대낮에 납치해 바다에 수장하려는 정부가 일본인들의 눈에 대체 어떻게 비쳤을 것인가. 그런데 사건 발생 후 일본 정부의 태도가 상당히 야릇했다. 처음에는 '김대중 측의 자작극', '북괴의 공작' 등 엉뚱한 소리를 하다가 한국 정부의 주권 침해 행위를 어물쩍 넘어가려 한다는 언론의 거센 비판에 부닥치자 일본 정부는 '진상을 조사한다.', '주범을 잡는다.' 하며 강경 노선으로 돌아섰다. 그러나 시간이 흐를수록 일본 정부의 목소리는 눈에 띄게 작아지고 있었다. 이 때문에 '박정희가 돈으로 다나카의 입을 막았다.'는 루머가 분분한 실정이었다.

그러던 차에 73년 10월 대한항공 서울 - 뉴욕 간 항로 개설 교섭차 뉴욕에 온 조중훈 사장이 한 미국 주재 한국 관리에게 떠벌린 무용담이 몇 다리 건너 필자의 귀에 들어왔다. 그는 다음과 같이 말했다는 것이다.

'내가 PP(박정희)의 부탁으로 오사노를 통해 다나카 수상을 만나 김대중 사건을 해결했다.'

여기서 오사노란 일본 국제흥업 사주 오사노 겐지를 가리키는 게 틀림없었다. (오사노 겐지는 일본의 미군 군납업자였다. -편집자 주) 그는 전일본항공(ANA)의 대주주이기도 했다. 조중훈은 자신이 사건을 그렇게 무마했으므로 PP의 앞날이 승승장구할 것이며 그런 공을 세운 자기 앞날은 또 얼마나 양양할 것인가 하고 기염을 토했던 것이다.

그 후 필자는 또 다른 한국의 재계인사로부터 이와 비슷한 얘기를 들을 수 있었다. 기업인들 간에도 김대중 납치 사건과 관련한 조중훈의 행적은 관심의 초점이 되고 있었던 것이다. 대단한 정보였으나 철저한 확인이 필요했다. 상대는 일본 수상과 대한항공 사주가 아닌가. 법정에서까지 완벽하게 상대를 이길 수 있을 증거 확보가 필요했다.

우선 사건 발생 후 조중훈 씨의 일본 출입국 기록을 확인했다. 그 결과 조중훈 씨는 김대중 납치사건 직후인 8월 16일부터 9월 21일 사이 수차례에 걸쳐 도쿄를 오간 것으로 확인됐다. 문제는 일본에서 조중훈 씨의 행적이었다. 그는 어디서 누구를 만난 것인가. 나는 조중훈이 떠벌린 말 중에 등장한 오사노 겐지의 인적사항을 조사했다. 조중훈과 오사노는 의형제 사이라고 소문이 나 있을 정도로 가까운 사이였다. 오사노가 일본인임에도 불구하고 반 국영기업인 대한항공 주식을 10%나 가지고 있다는 사실도 확인됐다. 72년 자민당 총재 선거에서 조중훈 씨가 오사노를 통해 다나카 수상에게 1억 엔을 헌금했다는 사실도 확인할 수 있었다. 조중훈이 다나카 수상에게 접근하려 할 때 오사노가 중개역할을 맡을 것임은 자명한 일이었다. 그런데 이보다 더 큰 문제는 '돈'이었다. 액수도 정확히 알 수 없는 거액의 뭉칫돈이 조중훈으로부터 다나카에게로 흘러갔음이 분명했고 나는 그 흐름을 찾아야 했다.

(…) 나는 비로소 검은 뭉칫돈의 출처를 확인할 수 있었다. 뜻밖으로 그곳은 외환은행 도쿄지점이었다. 돈의 흐름을 감추기 위해 외환은 행에서 돈을 빼내지는 않았을 것이라는 예단 때문에 조사를 제일 뒤로 미루었던 곳이 바로 정답이었다. 뭉칫돈의 총액은 무려 3억 엔! 이 돈은 도쿄 지점에서 최고액권 지폐로 인출됐는데 예상과는 달리 한꺼번에 3억 엔이 아니라 1억 엔씩 세 번에 걸쳐 인출됐다는 새로운 사실도 확인할 수 있었다. 첫 번째 인출일은 8월 16일. 이날은 김대중 사건 이후 조중훈이 오사노와 처음 대면한 날이었다. 두 번째 인출은 이후부터 9월 중순 사이의 어떤 시점이었고, 세 번째 인출은 9월 21일이었다. 뭉칫돈의 인출 시점은 조중훈 씨의 일본 출입국 기록과도 일치했다. 조씨는 8월 16일에 일본에 와서 오사노를 만난 후 8월 18일 서울로 돌아갔고, 그 후 8월 18일부터 9월 21일까지 각각 1억 엔씩을 오사노 혹은 다나카 수상에게 건넸을 것으로 판단됐다.

다음 문제는 장소였다. 조중훈과 다나카는 어디에서 만난 것일까. 조중훈이 미국에서 떠벌렸다는 얘기 중에 그 해답이 있었다. 그것은 '하코네'였다. 필자는 다시 하코네와 씨름하기 시작했다. 하코네는 일본의 유명한 별장지다.

나는 하코네에 오사노 겐지 소유의 별장이 있는지를 조사했다. 일본 재계의 유력자인 오사노 겐지는 하코네에 자기 호텔을 가지고 있었다. 그것은 하코네 코라 호텔이었다. 나는 다시 오사노가 하코네 코라에 온 날짜를 탐문했다. 그 결과 73년 9월 21일 조중훈과 오사노,

그리고 다나카 수상까지 모두가 하코네 코라 호텔에 숙박했었다는 사실이 확인됐다. 오사노가 조중훈과 다나카 수상을 대면시킨 장소는 바로 하코네 코라였던 것이다.

76년 초 나는 청와대에 근무하는 한 인사로부터 박정희와 조중훈의 만남을 확인할 수 있었다. 김대중 납치사건 직후인 73년 8월 15일 박정희는 조중훈을 청와대로 불렀다고 한다.

박정희는 72년 자민당 총재 선거에서 후쿠다가 당선될 것으로 보고 그쪽을 적극 지원했는데 뜻밖에 다나카가 당선되는 바람에 다나카 측에는 선을 가지고 있지 못했다. 그래서 조중훈을 불러 '조 사장이 그쪽에 인맥이 있으니 나를 좀 도와 달라'고 부탁했던 것이다. 이는 사실 조중훈에게 김대중 사건의 해결을 위해 다나카를 매수해 달라는 부탁이었다.

조중훈은 다음 날 부리나케 도쿄로 가서 오사노를 통해 이 뜻을 전하고 일본 돈 1억 엔을 건넸다. 그리고 8월 18일 귀국하자마자 바로 청와대로 가 이 사실을 박정희에게 보고했다. 그리고 9월 21일 드디어 하코네에서 다나카를 만나 외환은행에서 인출해 상자에 넣은 김대중 사건 정치적 해결 사례금 2억 엔을 다나카에게 건넸다.

이렇게 3억 엔을 들여 다나카 매수공작에 성공한 후 조중훈과 대한항공은 그의 말대로 승승장구했다. 경쟁사 하나 없는 독점재벌로 족벌 경영의 극을 치닫다가 결국 거듭되는 항공기 추락 사고로 조중훈 씨 부자가 경영일선에서 물러나게 된 오늘의 현실을 보니 쓴웃음이 절로 나온다. 이런 걸 가리켜 '인생만사 새옹지마'라 하는 것인가.

문명자는 또한, 조중훈이 다나카 측근을 접대하려고 서울에서 기생 5명을 공수해 갔다고 폭로했다. 이런 주장은 문명자만 한 게 아니다. 다나카 수상 후원회 회장 출신인 기무라 히로야스 전 니가타 현 의원도 똑같이 폭로했다. 그는 일본 잡지 월간 〈문예춘추〉 2001년 2월호를 통해 사실을 공개한다.

필자는 이병희 씨를 먼저 총리가 기다리는 응접실에 들어가게 한 후 층계 밑에 놓았던 종이 가방을 가지러 갔다. 들어 올린 종이 가방은 꽤 무거웠다. 종이 가방 하나에 분명 2억 엔은 들어 있음 직했다. 필자는 응접실의 미닫이문을 열고 방에 들어가서 종이 가방을 입구 바로 옆에 내려놓았다.

이병희 당시 무임소 장관(특정 부처를 담당하지 않는 장관)은 김종필이 방문하기 직전에 다나카를 방문했는데 그때 다나카를 만났던 것이다. 기무라의 증언은 계속된다. 이병희는 긴자의 고급음식점으로 기무라를 불러내, 다나카 수상과 자기 독대를 부탁했는데 그 자리의 상황을 다음과 같이 폭로했다.

더욱 놀라웠던 것은 그곳에 한복을 입은 기생이 대여섯 명 대기하고 있었다는 것이다. 접대 대상은 필자와 호스트인 이 씨 두 사람뿐이었다. 양쪽에서 시중을 든다 해도 남아돌 판이었다. '일본에 이런 기생이 다 있었습니까?' 하고 물었더니 이병희는 아무렇지 않은 듯이

'아니오, 한국에서 데려왔습니다.' 라고 대답했다.

문명자의 증언과 일치한다. 이병희가 대일본 로비창구 역할을 한 것은 전 중앙정보부장 김형욱의 증언과도 일치한다. 김형욱은 미국으로 망명 후, 대일본 로비 역할을 한 사람들에 대해서 폭로한 적이 있다.

박 정권과 일본 자민당, 그리고 검은 채널은 김성곤, 이후락, 이병희 등이 그 역할을 맡았다. 이병희로부터 자민당의 세이란카이 멤버에게 선거자금 형식의 비밀현금이 여러 번 흘러갔다.

김대중 납치사건을 재조사했던 국정원 진실위의 위원도 오마이뉴스 김당 기자와의 인터뷰에서 김종필, 다나카, 조중훈의 검은 자금이 사실임을 밝혔다.

DJ 사건을 은폐하느라 당시 박정희가 다나카 총리에게 거액의 돈을 제공했다는 언론 보도를 검증하는 과정에서 그 사건 직후 조중훈 회장이 청와대에 불려가 박정희를 면담한 사실을 확인했다.
문명자 씨의 폭로 기사를 보면 한진그룹 조중훈한테서 돈을 받아서 일본에 줬다고 했다. 그때 문명자 씨는 소문을 듣고 그런 증언을 했다. 그런데 우리가 '대통령 의전일지' 등을 조사해 확인한 바에 따르면 'DJ 사건' 발생 직후에 조중훈 회장이 아무런 전후맥락 없이 느

닷없이 청와대에 불려가 박정희를 만난다. 그런 정황증거에 비추어 박정희가 다나카에게 돈을 준 것은 100% 틀림없는 사실이다.

베트남에서 이룬 성공으로 조중훈은 국적기인 대한항공공사 (KAL)를 인수했다. 칼을 인수하고 승승장구한 조중훈이었지만 독단적인 경영, 내부소통 부재, 직원 복지혜택 부족, 인권경시 등 숱한 문제를 일으키더니 연이은 사고를 내고 당시 대통령 김대중에게 "대한항공은 전문경영인이 나서 인명 중시 경영체제로 바꿔야 한다."는 말까지 들어야 했다.

결국, 조중훈 회장은 특정경제범죄가중처벌법에 의한 조세포탈, 횡령 등의 혐의로 아들인 조양호, 조수호와 함께 나란히 검찰에 출두해 조양호는 구속, 조중훈과 조수호는 불구속 기소됐다.

조중훈의 손녀, 즉 조양호의 딸인 조현아가 '땅콩 회항' 사건을 일으킨 데는 특권의식 탓이 크다. 왕후장상의 씨가 따로 있다고 생각하니 그런 행동들이 자연스레 나온다.

조현아 동생 조현민이 초등학생 때, 비행기 조종석을 견학하며 옆에 있던 오빠 조원태에게 "오빠, 잘 봐놓아. 앞으로 오빠 회사가 될 거니까"라고 말할 수 있었던 이유도 태어날 때부터 그런 것만 보고 자랐기 때문이다. 우리는 특별한 존재니깐 특별한 대우를 받아야 한다고 생각하는 것이다.

조현아가 원정출산 의혹을 사면서까지 미국에서 남아 쌍둥이를 낳은 데도 마찬가지 이유가 있다. "전방에서 총 들고 나라 지키는 일은 서민들이 하는 것"이란 생각이다. 조현아는 원정출산이 아니라고 부인했지만, 손바닥으로 하늘을 가리는 일이다.

원정출산 의혹이 일던 당시 대한항공은 사무직 직원들에게 "비상경영을 타개하기 위해 국내외 출장을 자제하라"는 공문을 보내며 해외출장 자제령을 내렸는데, 조현아가 미국 전근발령이 날 때가 임신 8개월 차였다. 해외출장 자제령까지 떨어진 상황에서 오너 일가인 39세, 임신 8개월 만삭 임산부를 전근 보낸다? 그리고 공교롭게도 아들을 낳았다? 이게 원정출산이 아니면 무엇이 원정출산인가?

말 나온 김에 재벌들 군 복무에 관해서도 알아보자. '유전(有錢) 면제, 무전(無錢) 복무'라는 말이 횡행할 정도로 우리 사회에서 소위 '있는 사람'들의 병역 회피 문제는 심각하다. 일반인 군 면제비율이 4.6% 정도인데, 이명박 정부의 내각에서 군 면제비율이 24%였다.

재벌들은 더하다. 재벌들의 면제 비율은 33%다. 세 명 중, 한 명은 군대에 안 간다는 의미다.

SK그룹의 군 면제 비율은 57%이고, 재벌 중에 최고 부자라고 하는 삼성가의 면제율은 무려 73%다. 충격적이라고 말하지 않을 수 없다. 문제는 군대에 갔다고 하더라도 소위 말하는 '땡보직'으로 좋은 곳에 배치받거나 황제복무를 한다는 데에 있다.

한솔그룹 창업주 이인희 고문(삼성그룹 창업주 이병철의 딸이자 이건희 누나. 이인희 아들인 조동만 전 한솔그룹 부회장은 2004년 이후로 체납한 세금 715억 원을 아직도 내지 않고 있어 개인 고객 체납자 1위라는 불명예를 안고 있다.

조동만은 "회사 부도와 폐업으로 재산이 없어 세금을 낼 수 없다"고 변명했는데, 천하의 이병철 손자가 돈이 없어 세금을 못 낸다니, 이것을 어떻게 해석해야 하는 걸까? 아들은 황제 군 복무에 아버지는 세금체납자라 명불허전이다.)의 손자 조현승이 바로 그런 사례다.

조현승은 2012년부터 산업기능요원 자격으로 서울시 금천구에 있는 한 금형 제조업체에서 근무했다. 이른바 대체복무다. 그러나 지난 2013년 1월부터 2014년 10월 말까지 약 1년 10개월 동안 대인기피증 등을 이유로 인근에 오피스텔을 얻어 별도 관리 없이 독자적으로 근무했다.

이게 무슨 군 복무인가? 이러니 '유전(有錢) 면제, 무전(無錢) 복무'라는 말이 안 나올 수 있겠는가? 이 사회에서 온갖 과실은 다 따먹으면서 당연히 국민으로서 해야 할 의무는 외면한다. 전 세계 어떤 나라의 기업가들이 이런 식의 행태를 보이는가? 대한민국 재벌들밖에 없다.

2장

재벌의 성장 I

은행의 민간 불하 이승만 정권에서 벌어진 재벌의 은행 불하, 삼성은 (현)우리은행을, 대한양회는 (현)하나은행을 그리고… **부정축재자 처리** 정권 차원의 꼼수, 부정축재처리법, 전국경제인연합회와 정경유착의 탄생 **삼성 사카린 밀수사건** 리베이트 자금을 밀수품으로 바꿔 한국으로 들어오다 적발된 삼성 최대의 시련과 모면, 삼성기의 반복된 행태 **삼분 폭리 사건** 설탕, 시멘트, 밀가루의 가격 폭등, 그리고 정치자금 **부실기업 인수** 외채에 저당 잡힌 기업들의 재벌 인수, 동국제강, 신동아, 한진, 현대, 대우의 급성장 **대우그룹과 김우중** 신문팔이에서 대우실업 창업, 박정희 정권의 물심양면 지원 으로 성장하는 대우 **대우 몰락** 인수·합병으로 덩치를 키운 부실 덩어리 대우, 1997년 닥친 외환위기 로 몰락하게 된 내막 **8·3 사채동결** 박정희 정권의 재벌 빚 탕감 정책, 럭키 43개, 대우 35개, 롯데 15 개 등 계열사 늘리기로 재벌 완벽 구축 **종합무역상사** 수출 100억 불 달성을 위한 종합상사 제도 정 착, 저리의 제도금융으로 또 한 번 몸집 불리기 **저임금** 고물가 행진을 잡기 위한 노동자 임금 상승 억 제, 전태일 열사의 편지

은행의

민간 불하 특혜

이승만 정권에서 이뤄진 은행 주식의 민간 불하도
재벌이 성장하는 데 크나큰 이바지를 했다. 은행을 인수한 기업들은 은행 돈으로 마구잡이식 문어발 확장을 하면서 몸집을 불렸다.

삼성 이병철은 흥업은행(현 우리은행) 주식 85%와 조흥은행(현 신한은행) 주식 55%를 확보했다. 제일은행은 삼호방직 정재호에게 불하됐고, 대한제분은 상업은행, 대한양회 이정림은 서울은행(현 하나은행)을 창립했다.

삼성이 흥업은행을 불하받는 과정에서도 특혜가 따랐다. 흥업은행 불하에는 설경동, 윤석준, 정재호 등 당시 한국 최고 부자들이 차례로 입찰했으나, 입찰가 1위가 아니라 입찰가에서 3번째 순위였던 이병철이 낙찰을 받았다.

이병철은 36만3,500주를 매입했는데 이병철이 써낸 가격은 주당 2,866환으로 1위인 주당 4,400환, 2위인 3,300환보다 한참 낮은 가격이었다. 특혜를 받은 이병철은 그만한 대가를 이승만 정부에게 돌려주었다.(이런 특혜 입찰은 대한민국에서 비일비재한 일이다. '세월호 참사'를 빚은 세모그룹은 1980년대 들어 유병언이 세운 신생업체였다. 유병언은 '한강 유람선 사업'을 하려고 1982년 10월에 세모를 급조해서 만들었다. 조선기술은 물론 운행 경험이 있을 리 만무했다. 그런 세모가 한강유람선 사업권을 따냈다.

세모가 입찰 때 써냈던 승선요금도 경쟁사보다 턱없이 높았다. 승선요금은 입찰가격을 싸게 적어 내야 낙찰받을 수 있다. 경쟁사였던 '라이프 주택'이 2,500원, '선문그룹'이 3,000원, '대선조선'이 2,900원을 써냈는데, 세모는 6,000원을 써냄으로써 나머지 8개 업체가 제시한 승선가격보다 두 배 내지 세배가 높았다. 그런데도 입찰을 따냈다. 정권 차원에서 베푼 특혜가 없었다면 불가능한 일이다. 유병언은 당시 대통령이던 전두환 동생 전경환과 밀접한 관계를 맺고 있었다. 역사에 가정은 없다지만, 특혜가 없었다면 세모가 유람선 사업을 시작할 수도 없었을 테고 세월호 참사도 일어나지 않았을 것이다.)

4대 시중은행 중, 절반을 자기 손에 넣은 이병철은 '대출'이라는 막강한 힘을 등에 업고 '사업 다각화'라는 명분으로 문어발 확장을 시작한다. 한일은행,(현재 삼성그룹 계열사 주거래 은행이 바로 한일은행 후신인 우리은행이다.) 제일제당, 한국타이어,(이병철은 한국타이어를 이양구, 배동환과 공동으로 인수했다. 처음 주식지분은 3명 모두, 나란히 33%였으나 이양구가 이병철에게 주식을 넘기면서 삼성 지분이 49.5%로 늘어났다. 한국타이어는 일제 조선타이어를 불하받아 만든 회사다.) 안국화재,(안국화재는 일제 때 조선생명을 박흥식이 불하받은 것으로 현 삼성화재다.) 천일증권, 삼척시멘트,(이병철이 이양구와 각각 50%씩 투자했다. 훗날 삼척시멘트는 이양구의 동양시멘트가 됐고 동양그룹 모태가 된다.) 호남비료, 근영물산, 효성물산 등을 차례로 인수했다. 삼성은 1950년대 후반에 이미 계열사를 16곳이나 거느린다.

앞서 살펴본 재벌 이외에도 적산 기업을 불하받아 대기업이 된 회사는 손에 꼽기 어려울 정도로 많다. 현대 정주영은 조선이연금속 인천공장을 불하받아 인천제철로 만들었고, LG 구인회는 조선제련을 불하받아 LG금속을 만들었으며, 동국제강은 삼화제철을 불하받아 세워졌다. 대농 박용학은 조지야백화점을 불하받아 미도파백화점을 탄생시켰다. 이병철은 미쓰코시 백화점을 불하받아 신세계백화점을 만들었고, 벽산그룹도 천야시멘트를 불하받아 만든 재벌이다.

조선제분을 불하받은 최성모는 신동아그룹을 만들었고, 민덕기는 삿포로맥주를 불하받아 크라운맥주로, 동일그룹은 동양방적을, 대한전선 설경동은 대한방직을, 동립산업 함창희는 모리나가제과를, 태창의 백낙승은 고려방직을 각각 불하받았다. 이 중에는 미 군정이나 이승만 정권으로부터 직접 불하받지 않고 다른 사람 손을 거쳐 인수한 회사도 있으나 그 인수도 태반이 정부 특혜로 이뤄졌고 성장 또한 '독점'이라는 정부 특혜로 가능했다.

한국 재벌은 일제가 우리 민중의 고혈을 빨아 성장시키고 남긴 적산이라는 재산을 손쉽게 불하받아 만들어졌고, 특혜로 미국 원조금을 받아 성장하며 정경유착을 통한 독과점으로 성장한 역사를 가지고 있다.

정부는 재벌에 각종 특혜를 주며 의도적으로 재벌을 키웠다. 이유가 있었던가? 물론 특혜를 주는 대신에 정치자금을 받아 독재를 공고히 하려는 셈법도 있었지만, 다른 한편으로는 "파이가 커야 나눠 먹을 게 있다."는 이른바 '낙수효과'를 철석같이 믿었던 것도 있다.

그러나 공룡이 된 재벌은 파이를 나눠주지 않았다. 그들은 자기 능력으로 그 자리에 올랐다고 믿었고 부의 재분배에 관심조차 두질 않았다. 노동자들이 흘린 피와 땀, 정권의 밀어주기, IMF 때 공적자금을 쏟아 부어준 국가와 국민을 완전히 잊어버렸다. 심지어 서민들이 주로 밥벌이 하는 장소인 골목상권까지 진입해 덩치를 더더욱 키웠다. 그들 머릿속에 과연 노블레스 오블리주, 빈부 격차 해소, 소득 재분배, 공평 사회, 기업의 윤리, 상생 같은 단어들이 있을까?

칼럼니스트 박근용은 〈위클리 오늘〉 2013년 11월 12일 자 칼럼에서 적산에 관한 이야기를 했는데 읽어볼 만한 내용이라 독자 여러분과 공유한다.

서울대 교수를 지낸 고(故) 피천득 선생의 수필집 《인연(因緣)》에는 "보기에 따라서는" 이라는 에피소드가 나온다. 선생의 친구는 영어를 잘했기에 광복 이후 미 군정의 적산(敵産)관리처에서 일을 했다. 적산관리처에서 적산 불하와 관련된 일은 광복 이후 최고의 특권을 누리며 마음만 먹는다면 많은 것을 가질 수 있는 자리였다. 그럼에도 불구하고 선생의 친구는 수개월이 지난 후에도 여전히 셋방살이를 했다고 한다. 그나마 동료들 하는 짓에 염증을 느끼고 2년 만에 그 일을 그만뒀다고 한다. 그렇다면 당시 최고의 특권을 누릴 수 있었던 적산 불하란 과연 무엇이었을까?

적산 불하(귀속재산불하)란 광복 이후 일본이 가져가지 못한 산업시설이나 가옥 등 부동산과 차량 등의 재산을 미 군정이 압수해 귀속시킨 것을 한국의 기업이나 국민에게 불하한 것을 말한다. 이때 불하된 기업을 적산 기업이라 한다. 적산 불하 대상이 됐던 일본인 소유의 공장 등은 6881개, 자본금 기준으로 한국 전 법인의 약 91%에 달하는 등 적산 불하 대상이 됐던 기업의 규모는 상당했다고 한다.(자료참조 : 매일경제 1995년 1월 25일 재계50년 특집) 적산 기업은 해당 기업의 주주 또는 5년 이상 근속자 등 기업과 직접적인 이해관계가 있는 자에게 우선적으로 불하됐다.

적산 기업은 시가보다 저렴한 가격에 매각됐고, 매수대금도 5~15년의 장기분할납부 하면 매수계약금 10%만으로 불하받을 수 있었다. 또한 광복 이후 인플레이션으로 화폐가치가 지속해서 하락하고 있었기 때문에 적산 기업을 불하는 곧 특혜이자 성공의 지름길이었다고 한다.

미 군정기와 이승만 정부 때 불하된 적산공장은 약 1500~2500개에 이르렀고, 현재 약 50개 정도의 기업이 존속하고 있다고 한다. 이런 기업 중에는 대기업으로 성장한 사례도 많다.

선경직물공장 공무과 견습기사에서 출발한 고(故) 최종건이 불하받은 공장은 선경(SK)그룹의 모태가 됐으며, 조선화약공판에서 다이너마이트생산계장으로 일하던 고(故) 김종희가 불하받은 화약 공판은 한화그룹의 모태가 됐다.

또한 오노다 시멘트 삼척공장은 고(故) 이양구에게 불하돼 동양그룹의 모태가 됐고, 미쓰코시 백화점 경성점은 고(故) 이병철에게 불하돼 신세계백화점이 됐다. 이 외에 소화기린맥주는 당시 관리인이었던 고(故) 박두병에게 불하돼 OB맥주가 되어 두산그룹의 모태가 됐고, 삿포로 맥주는 명성황후의 인척이었던 고(故) 민덕기에게 불하돼 조선맥주(현 하이트진로)가 되는 등 현대, 삼성, SK, 한화, 두산, 동양, 쌍용, 동국제강, 해태, 벽산, 대한전선, 조선맥주, 국제그룹 등과 같은 대기업들은 적산 기업과 직·간접적인 관계를 맺고 있었다.

적산 기업들의 불하는 일본이 가져가지 못한 것을 대상으로 했지만, 일본이 가져가지 못한 것의 상당 부분은 일본의 수탈에 의해 대한민국 국민의 피와 땀으로 이뤄진 국민의 재산이었다. 또한 산업화를 거치면서 많은 국민의 인내와 노력이 기반이 되어 대기업으로 성장할 수 있었다. 이런 기업들은 사회로부터 큰 빚을 지고 있는 셈이다.

최근 동양그룹의 법정관리, 한화그룹 김승연 회장의 배임, SK그룹 최태원 회장 형제의 배임과 횡령 등이 많이 회자되고 있다. 우연일지 모르나 동양그룹, 한화그룹, SK그룹 등은 모두 그룹의 모태가 적산 불하를 받은 기업에서 대기업으로 성장했다는 공통점을 갖고 있다.

세 그룹 모두 그 모태가 일본이 대한민국 국민의 재산과 노력, 피와 땀을 수탈해 만든 기업을 불하받은 적산 기업이었고, 산업화 시기에 는 우리나라 근대 산업화의 기반으로 인식돼 많은 국민의 희생과 인 내로 성장했다는 점에서 어느 기업들보다도 사회에 많은 빚을 지고 있는 기업들이다.

이미 우리 사회에서 기업은 이윤만을 추구하는 존재가 아닌 기업의 사회적 책임(Corporate Social Responsibility)을 다해야 하는 존재로 인식 돼 있다. 기업이 사회적 책임을 다하기 위해 사회에 무엇인가 적극 적으로 공헌함으로써 책임을 다하는 것도 중요하지만, 그보다 사회 에 피해를 입히지 않음으로써 책임을 다하는 것이 먼저라고 하겠다. 그럼에도 불구하고 이런 기업들이 불미스런 일로 사회적 이슈가 되 고 오히려 앞장서서 사회적 책임을 외면하는 것처럼 생각돼 아쉽다.

부정축재자

처리

쿠데타로 집권한 박정희 정권은

정당성 없는 정권의 치부를 가리려고 다양한 정책을 쏟아 냈는데, 그중 하나가 '부정축재처리법'이었다. 부정축재자 처리에 관한 문제는 4·19 혁명 뒤 민중들이 줄기차게 외친 요구였지만, 장면 정부는 이런 민심에 호응하지 못했다. 그 사이를 쿠데타 세력이 파고들었다.

그러나 박정희 정권도 결국 부정축재자를 처벌하는 것이 아니라 면죄부를 주는 방식으로 재벌들을 살려주었다.(부정축재를 조사하던 군사정부 관리가 조사대상 기업들에 뇌물을 받고 부정을 저지르는 일도 허다했다.) 이렇게 살아난 재벌은 당연히 박정희 정권과 밀착했고, 대한민국 경제의 암 덩어리인 '정경유착'을 탄생시켰다. 이 폐해는 박정희 정권 들어서서 더욱 기승을 부렸다.

재벌개혁의 첫 번째 신호탄은 결과적으로 날아갔으나, 군사정부는 민심을 얻기 위해 시행한 부정축재자 처리를 처음엔 호기 있게 시작했다.

쿠데타를 하고서 채 2주가 지나지 않아 부정축재자 26명을 구속했다. 이 중에는 재계서열 1위부터 11위까지 기업인이 모두 포함됐다. 부정축재자 1호가 삼성 이병철이었고, 그 밖에 삼호 정재호, 개풍 이정림, 대한 설경동, 극동 남궁련, 태창 백남일, 동양 이양구 등이 있었다. 나머지 11명은 체포됐고 일본에 체류 중이던 삼성 이병철만 구속을 면했다.

군사정부는 어떤 기준으로 부정축재자를 선별했을까? 몇 가지를 살펴보자.

> ▸ 부정한 방법으로 3만 불 이상의 정부 또는 은행 보유 외환의 대부 또는 매수를 받은 행위.
> ▸ 금융기관으로부터 융자를 받아 1억 원 이상의 정치자금을 제공한 행위.
> ▸ 국가 또는 공공단체의 공사청부나 물품매매의 입찰에서 담합, 또는 수의계약을 하거나 관허사업의 인허가를 부정하게 얻어 2억 환 이상의 이득을 취한 행위.

- 외자구매외환 또는 그 구매외자 배정을 독점함으로써 2억 환 이상의 이득을 취한 행위.
- 조세에 관한 법률을 위반하여 2억 환 이상의 국세를 포탈한 행위.
- 2만 불 이상의 외화를 해외로 도피한 행위.

일본에 체류 중이던 이병철은 귀국하면 구속될 것으로 우려해 일본에 있는 병원에 가짜로 입원까지 하면서 귀국을 미뤘다. 그러나 박정희는 애초 이병철을 처벌할 마음이 없었다.

쿠데타 후, 일본과 협정을 원했던 박정희는 일본 인맥이 필요했고 일본에 머물며 귀국을 미루던 유태하와 이병철은 그런 박정희에게 도움을 줄 만한 인물이었다. 이렇게 일본에 밀사로 파견된 사람이 중앙정보부에 있던 최영택이었다.

일본으로 날아간 최영택은 우선, 한국 소환을 거부하며 일본에 눌러앉아 있던 유태하를 만났다. '이가(李家)의 집사' 즉, 이승만 대통령의 집사로 불리던 유태하는 영어 한마디 못 했지만, 이승만과 친하다는 이유로 일본대사로 임명된 작자였다.

이승만 비자금까지 관리하던 그는 4·19 직후, 부정축재자 등으로 연루돼 소환통보를 받았으나 이를 거부하고 일본에 체류하던 차였다.

박정희가 유태하를 원했던 것은 이승만 정부 때 한일협정에서

(이승만 정부 때도 미국은 한국과 일본의 국교정상화를 원했고, 이승만 정부도 한일협정을 맺기 위해 일본과 여러 차례 협상을 벌였다. 그러나 결국은 실패했다.) 대일본 창구가 바로 유태하였기 때문이다. 즉, 한일협정에서 한국 측 창구는 유태하였고, 일본 측 창구는 야츠기 가즈오였다. 유태하는 야츠기를 통해 기시 노부스케(아베 신조의 외조부. 일본 최고의 막후 정치인)를 만났고, 야츠기는 유태하를 통해 이승만을 만났다. 박정희는 이런 유태하를 이용해 일본 내 실력자들과 접촉하려고 했다.

최영택이 유태하를 만날 때 유태하와 동행했던 사람이 재일교포 야쿠자 '긴자의 호랑이' 정건영이었다.(일본 이름 마치이 히사유끼) 유태하는 최영택에게 정건영을 비롯해 기시 노부스케, 고다마 요시오, 세지마 류조 등 친한파들을 소개해줬다.

최영택은 이들을 다시 김종필에게 소개하며 말 그대로 한일협정 막후협상의 핫라인을 구축한다. 1961년 6월 24일 귀국한 유태하는 이런 공로로 한국에 소환된 뒤, 별다른 처벌을 받지 않았다.

귀국 나흘 뒤인 6월 28일, 기자회견장에 나타난 유태하는 자기 귀국이 '자의에 의한 것'이라고 강조했으나, 이는 뻔뻔한 거짓말이었다.

이병철도 마찬가지였다. 유태하가 귀국하고 이틀 뒤인 1961년 6월 26일, 이병철이 김포공항에 도착했다. 이병철을 마중하러 나온 인물은 이병희였다. 그러나 부정축재자 1호 이병철을 태운 지프는 경찰서나 구치소가 아니라 명동 메트로호텔에 멈춰 섰다. 귀국 전에 처벌하지 않겠다던 약속 그대로였다.

메트로호텔에서 하룻밤 묵은 이병철은 다음날인 27일 박정희를 만난다. 박정희와 이병철이 나눈 이 날 대화를 이병철은 다음과 같이 기억하고 있다.

박정희　지금 우린 11명의 부정축재자를 잡아 가두었습니다. 이 일을 어떻게 처리하면 좋겠습니까?(처벌 대상자로서 외국에 머물며 귀국을 꺼렸던 범죄자에게 권력자가 오히려 조언을 구하는 모습이다. 귀국 전 모종의 거래가 없었다면 박정희의 이런 질문은 불가능한 것이다.)

이병철　현재 11명을 잡아 가두셨는데 그들에게는 아무 죄가 없다고 생각합니다. 그분들은 1위에서 11위 안에 드는 기업의 대표입니다. 그분들이 부정축재자라면, 그 밑의 수천, 수만 명의 기업인들도 모두 부정축재자입니다. 어떤 선을 그어놓고 여기까지는 죄가 있고, 그 나머지는 죄가 없다고 판가름해서는 안 될 줄 압니다.

박정희　그렇다면 앞으로 우리가 어떻게 하면 좋겠습니까?

이병철　기업인들이 해야 할 일은 여러 사업을 일으켜 많은 사람에게 일자리를 주고, 생활을 안정시키는 한편 나라 살림에 필요한 세금을 내서 국가 운영을 뒷받침하는 것입니다. 그런데 부정축재자라고 잡아들이고 벌을 준다면 이 나라 경제는 엉망이 되고 말 것입니다. 그러면 당장 들어오는 세금이 줄어들어 국가를 운영하기가 힘들어집니다.

박정희　하지만 부정축재자를 처벌하지 않으면 국민이 가만있지 않을 것이오.

이병철 그 부분을 잘 처리하는 것이 바로 정치 아니겠습니까?

이렇게 해서 나온 것이 바로 '부정축재처리법 중, 개정 법률'과 '부정축재 환수절차법'이었다. 내용인즉슨, "부정축재자가 국가재건에 필요한 공장 등을 건설하여 정부에 주식을 납부하면 처벌을 면제해 준다."는 것이다. 물론, 재벌 총수들은 이 발표 전에 이미 다 풀려나 있었다.

애초 정부가 부정축재자들에게 매긴 벌금은 총 831억2,400만 환이었는데, 이것이 이후 절반 정도로 깎였고, 위 두 가지 법률에 따라 공장을 건설해 주식을 납부하면서 이 깎인 벌금마저 면제를 받게 됐다. 부정축재자 처벌은 한마디로 '쇼'였던 셈이다.

그럼 재벌들은 약속대로 공장을 건설해서 국가에 헌납했을까? 천만의 말씀, 이조차 이뤄지지 않았다. 정부가 보증 서고 외국에서 빌린 차관으로 건설한 공장은 재벌들 손에 그대로 떨어졌고 박정희는 그 대가로 정치자금을 받았다. 이병철 장남 이맹희는 자서전에서 이와 관련해 다음과 같이 증언했다.

기성 정치인들의 부정부패를 척결한다고 시작한 혁명 정부는 기존의 정치세력보다 더한 부정을 저질렀다. 당연히 기업들에도 과도한 정치자금을 요구하고 있었는데 그중에 제일 심한 것이 각종 사업의 인, 허가를 싸고 정부에서 은밀히 손을 벌리는 것이었다. 즉, 어떤 사

업을 하거나 공장을 새로 건설하려면 그때마다 정치자금을 바쳐야
했다.

부정축재자 처벌 문제가 처음 언급됐을 때, "내 전 재산을 나라
에 바치겠다."는 호언에 국민으로부터 박수를 받은 이병철은 그 약
속을 헌신짝처럼 내팽개쳤다. 이병철이 '대국민'을 내걸고 한 약속
은 이후에도 줄곧 파기됐고, 그 아들인 이건희도 국면전환용으로
아주 요긴하게 자주 써먹었다.

이병철이 박정희와 독대한 뒤, 풀려난 재벌 총수들은 자기들 의
견을 정부에 피력할 수 있는 단체의 필요성을 느껴 협회를 하나 만
드니 그것이 바로 지금의 '전국경제인연합회(전경련)'다.

이렇게 대기업 총수가 사회 기여나, 국가 봉사가 아닌 오로지 자
기들 이익을 향상시키려고 만든 단체가 대한민국 아닌 다른 나라에
도 존재하는가?

전경련과 비슷한 단체가 일본에도 있으나, 일본의 이 경제단체
가 복지, 교육, 세법, 최저임금 등 사회문제 전반에 관해서 왈가왈
부했다는 소식을 들어본 적은 없다. 한국의 전경련은 어떤가? 복지,
교육, 세법, 최저임금 문제뿐만 아니라 심지어는 군사정권에나 있었
던 관제데모를 하라고 시민단체에 검은돈을 지원하기까지 했다. 재
벌들의 민낯을 여실히 보여준다.

재벌은 연합회를 만들어 박정희, 전두환 군사정부와 짝짜꿍하며
지금까지 정경유착으로 성장했고, 21세기인 박근혜 정부에서는 검

은돈으로 국민을 선동하고 이간질하려고 했다.

이런 단체가 아직도 존재해야 하는가? 없어져야 마땅하다. 정부는 힘없는 노동자가 꾸린 노조를 탄압할 생각일랑 하지 말고 재벌 총수들이 만든 비상식적인 집단인 전경련부터 해체해야 할 것이다.

우리 사회는 여전히 힘 있는 재벌들 편이다. 법이라고 해서 예외라고 단정하기 어렵다. 법원도 재벌들 편에 가깝다. 경향신문이 1990년부터 2015년 2월까지 25년간, 정리해고, 쟁의행위와 관련된 대법원 판례를 수집해 분석한 것을 살펴보면, 노동사건 408건 중, 파업정당성을 인정한 것은 59건(14.5%)에 불과했고 349건(84.5%)이 불법판정을 받았다. 반면, 경영상 위기로 인한 정리해고 사건 중, 해고무효 판결은 41건(29.7%)이었고 해고정당 판결은 97건(71.3%)이나 됐다. 있는 자는 있는 자들을 편들기 마련이다.

삼성 사카린
밀수사건

이병철은 부정축재액 80억 환을 비료공장을 지어
헌납하라는 지시를 받았다.

정부에서 최대한 도와주고, 이병철의 일본 인맥을 동원해 일본에서 기술과 차관을 도입해 공장을 짓는다는 계획이었다.

삼성은 일본 미쓰이 물산으로부터 상업차관 4,000만 달러를 들여와 공장을 짓기로 했다. 그렇게 한국비료공장이 지어졌다. 그러나 일본은 같은 조건의 비료공장을 러시아에는 2,800만 달러, 일본 국내에는 2,200만 달러로 지었다. 일본이 1,000만 달러 이상의 폭리를 취한 것이다.

이렇게 취한 이득 중 일부는 다시 리베이트로 한국으로 넘어왔

■ 사카린 밀수사건이 터졌을 때, 이병철 회장은 한국비료를 국가에 헌납하고 언론사의 소유지분도 내어놓겠으며 정계에서 은퇴하겠다고 발표했다. 그러나 이 약속은 당연히 지켜지지 않았고 여론이 잠잠해지자, 이병철은 슬그머니 총수 자리로 복귀했다.

다. 삼성은 이 리베이트 자금을 밀수품으로 바꿔 한국으로 들여오다 세관에 적발됐다. 이병철 장남 이맹희가 한 증언이다.

> 아버지(이병철)는 이 사실을 박 대통령에게 알렸고, 박 대통령은 "여러 가지를 만족시키는 방향으로 그 돈을 쓰자."고 했다. 현찰 100만 달러를 일본에서 가져오는 게 쉽지 않았다.
> 삼성은 공장건설 장비를, 청와대는 정치자금을 필요로 했기 때문에 돈을 부풀리기 위해 밀수를 하자는 쪽으로 합의를 했다. 밀수현장은 내가 지휘했으며 박 정권은 은밀히 도와주기로 했다. 밀수를 하기로

결정하자 정부도 모르게 몇 가지 욕심을 실행에 옮기기로 했다. 이 참에 평소에 들어오기 힘든 공작기계나 건설용 기계를 갖고 오자는 것이다. 당시 밀수총액을 요즘으로 치면 2,000억 원이나 됐다. 밀수한 주요품목은 세탁기, 냉장고, 에어컨, 변기, 스텐레스판, 사카린원료 등이었다.

주된 밀수품은 사카린이었다. 사카린 이외에도 냉장고, 에어컨, 전화기는 물론 변기까지 세금 한 푼 안 들이고 밀수로 들여와 비싼 값에 시장에 팔아넘겼다.

부산세관은 삼성이 주동한 이 밀수를 적발했는데도, 벌금 2,000만 원이라는 경징계를 내렸다. 박정희가 집권하면서 밀수를 폭력, 탈세, 마약과 함께 '사회 4대 악'이라 정하고 밀수 주도자는 최고 사형까지 처했다는 점을 고려할 때 벌금 2,000만 원은 전형적인 '재벌 봐주기'였다.(1962년 2월, 시계 밀수로 붙잡힌 포항호 화주 박용빈이 추징금 500만 환에 사형을 판결받았고, 세관 감시과 직원 김재환도 추징금 453만 환에 사형을 선고받았다. 같은 해 4월에는 화장품을 밀수하다 적발된 한필국의 사형이 집행됐는데, 사형판결확인란에 직접 사인한 이는 박정희였다.)

언론보도가 없었다면 그냥 그렇게 묻혔을 이 사건은 최초 경남일보가 보도하고 며칠 뒤, 경향신문이 대서특필하면서 국민의 공분을 사게 됐다. 여기서 눈여겨볼 것은 경향신문의 보도에 당시 삼성 계열사였던 중앙일보가 발끈하며 기사로 삼성 편을 들었다는 점이다.

중앙일보는 연일 지면을 활용해 삼성 밀수사건을 옹호했다. 중앙일보뿐만 아니라 같은 계열사인 동양방송도 특집 프로그램을 마련해 "삼성은 죄가 없다"고 항변했다.

1966년 9월 18일, 아침 9시 반에 방영된 '일요응접실'이라는 프로그램에서 중앙일보 논설위원 신상초와 서울대 교수 김기두가 출연해 삼성을 옹호했고, 저녁 7시 '석양의 데이트'에서는 이화여대 출판부장 정충량, 황성모, 중앙일보 논설위원 김승한, 경희대학교 박경화 교수 등이 출연해 사카린 밀수사건을 옹호했다.

이 방송을 보고 대통령인 박정희도 화를 냈다고 하니 프로그램 내용이 어땠는지는 어렵지 않게 짐작할 수 있을 것이다. 마침내 동양방송은 사과 방송과 출연자 1개월 출연 정지, 중앙일보는 신문윤리위원회로부터 경고를 받는 지경까지 이르렀다. 사회 공기라고 할 언론사를 개인이 사유화했다는 비판을 면키 어려운 장면이었다.

훗날 중앙일보 홍석현 회장이 탈세 혐의로 검찰에 구속될 때도 중앙일보 기자들이 현장에 나와 "사장님 힘내세요!"하고 구호를 외쳤으니 이 나라 언론 현실은 예전이나 지금이나 별반 차이가 없어 보인다.

언론보도로 검찰이 재수사에 들어가자 삼성이 조직적으로 밀수에 개입한 정황이 밝혀지기 시작했다. 상황이 악화하자 국민은 물론이고 국회도 분노의 도가니가 된다.

1966년 9월 22일, 제6대 국회 14차 본회의장. 대정부질문 첫 타자로 나선 공화당 이만섭은 여당 의원이었는데도 삼성 문제를 화

■ 1966년 9월 17일 자 경향신문 1면. 사카린 밀수 재수사가 불가피하다는 기사다.

두로 올려 정부와 삼성을 매섭게 비판했다.

뒤이어 연단에 오른 야당 의원 김대중도 국무위원들을 호되게 질타했고 그다음으로 연단에 오른 김두한은 '인분(人糞)' 즉, 사람 똥을 담은 상자를 들고 올라와, 국무총리 이하 장관들 얼굴 앞에 뿌렸다.

삼성 밀수사건으로 국회까지 떠들썩해지자, 여론은 더욱 들끓었다. 10월 6일, 검찰은 사건 경과를 발표하면서 이병철의 둘째 아들 이창희를 '특정범죄 가중처벌법' 위반으로 구속하고 한국비료 임원 이일섭을 '업무상 배임 및 문서손괴 혐의'로 구속했다. 다만 이병철은 밀수사건과 직접적인 관련이 없다고 밝혔다.

이병철은 10월 12일, 장기영 경제기획원 장관을 찾아가, "한국비료 주식 51%를 국가에 헌납하고 언론사 소유지분도 내어놓겠으며 재계에서 은퇴하겠다."고 밝혔다.

이 사건에 국민이 분노한 까닭은 거대 재벌이 밀수라는 범죄를 저질렀다는 데 있다. 앞서 언급한 대로 당시 박정희는 밀수를 '사회 4대 악'이라고 규정해 강도 높게 단속하는 한편 적발되면 특정범죄가중처벌법을 적용, 최고 사형까지 내릴 수 있도록 했다. 그런데 삼성에는 고작 벌금 2,000만 원짜리 솜방망이 처벌을 했다. 범법 행위도 모자라 특혜까지 받았다는 데 국민은 참고 있던 분노를 분출한 것이다.

그러나 이병철은 벌금 냈으니 문제가 더는 없다고 생각했고 삼성 계열사였던 중앙일보와 동양방송은 이 생각에 편승해 일사부재리의 원칙에 어긋난다며 삼성 편을 들었다.

이병철과 삼성은 지금까지 자기들 죄가 부풀려졌고 음모에 빠졌다며 주장했다. 예컨대 이병철은 밀수사건이 폭로되기 전, 정부 고위관료가 찾아와 한국비료 주식 30%를 요구했고, 이를 들어주지 않자 사건을 쟁점화했다고 주장했다. 또 여론이 이토록 나쁘게 흘러간 이유도 중앙일보가 성장하는 것을 두려워한 타 언론사들이 노골적으로 삼성을 비하했기 때문이라고 말하며, 나중에는 법정에서 사카린 원료 밀수는 합법이었다는 어처구니없는 주장도 했다.

자기 죄는 전혀 없고 억울하게 당했다는 말장난인데, 한국 최대 재벌의 양면성을 보는 것 같아 얼굴이 화끈거리지 않을 수 없다. 그런데 문제는 오늘의 삼성도 저 때와 별반 다르지 않다는 점이다. 이병철은 문제가 터지자 개인재산을 국가에 헌납해 위기를 탈출했고 여론이 좋지 않게 흐르자 잠시 경영에서 물러났다가 조용해지면 다시 복귀하는 절차를 밟았다. 그런데 훗날 그 아들인 이건희도 아버지 전철을 그대로 밟았으니 그 아버지에 그 아들이 아닐 수 없다.

가장 큰 문제는 삼성이 한국 최고 기업이란 위상에 걸맞은 행동을 보여주지 못한다는 데에 있다. 자신들에게 비판적인 신문에 광고를 주지 않고 자기 회사에 충성을 다해 몸이 부서지게 일한 노동자들이 그 일로 병에 걸려도 나 몰라라 하는 것은 대기업이 아니라 뒷골목 양아치들이나 할 짓이다. 하물며 이런 행태를 회장인 이건희는 모른 채 아랫사람들이 알아서 할 수가 있을까?

대한민국 최고 부자, 한때 이병철이 아닌 '돈 병철'이라고 불렸던 삼성 회장이 밀수를 일삼고 꼼수를 써 은퇴와 복귀를 회전문 드나들 듯하고, 아들이 선대가 한 일그러진 행태를 그대로 따라 하고 비판엔 귀 닫고 모든 의사결정을 독단으로 지속해 간다면 앞으로 삼성은 돈은 많이 버는 기업이 될지언정, 존경받는 기업은 되지 못할 것이다.

삼분(三紛)
폭리 사건

삼분(三紛)은 말 그대로

세 가지 가루, 설탕·시멘트·밀가루를 가리킨다. 1960년대 우리 경제는 중화학 공업이나 기술집약적 산업을 할 여건이 안 되었던 고로 소비재 산업은 기업이 큰돈을 벌 거의 유일한 분야였다.

그런데 여기에서 우리 재벌들은 정치권과 결탁해 사재기하고 세금을 포탈하며 그 대가로 박정희와 공화당에 정치자금을 제공했다. 사재기한 삼분은 역시나 가격을 폭등하게 했으니 1962년 흉작에 배를 곯던 국민은 허리띠를 더욱더 졸라맬 수밖에 없었다.

1963년 대통령 선거를 앞두고 중앙정보부장 김형욱은 재벌들을 불러 "대통령선거 때 필요하다."면서 수십억 원을 달라고 요구했다. 이에 이병철 등은 "그만한 돈이 없다."고 에둘러 거절 의사를 밝혔다.

김형욱은 정치자금 대가로 "지금 가격동결이 되어있는 삼분의 가격을 풀겠으니 협조해 달라."며 거듭 요청했다. 기업 윤리보다 이득을 최고 가치로 여기는 우리 삼분 업자들이 이를 마다할 이유가 있었겠나?

여기에 가담한 회사가 삼성, 효성, 호남제분, 대한제분, 동양시멘트, 대한양회 등이었다. 이렇게 해서 보릿고개를 앞두고 밀가루는 370원에서 1,320원으로 고시가격의 4배로 뛰어올랐고, 설탕은 29원 30전에서 300원으로 10배, 시멘트 값도 천정부지로 뛰어올랐다.

이 문제는 야당 박순천 의원이 제일 먼저 제기했고, 이윽고 1964년 1월 15일에 민주당 유창열 의원이 "삼분 재벌이 가격조작과 세금 포탈 등으로 폭리를 취하고 그 대가로 공화당 정권에 거액의 정치자금을 대었다."고 폭로했다.

야당은 국정감사, 특별위원회 구성을 연거푸 제안했으나 정치자금을 받은 공화당이 이를 받아들였을 리 만무했다. 야당 제안은 여당이 방해하면서 번번이 무산됐다.

유창열이 사건을 폭로한 뒤, 국회에서는 이 문제로 연일 논란이 벌어졌으나, 언론은 집권당과 재벌 유착이라는 이 대국민 사기극을 외면했다. 그러던 차, 1964년 2월 1일에 경향신문이 이 사건을 단독 보도했다.

■ 1964년 2월 1일 자 경향신문 1면. 삼분 폭리 의혹이 확대돼 일부 의원 매수설이 떠돈다는 기사. 삼분 폭리 사건은 우리 재벌의 추악한 민낯을 그대로 보여준 사건이었다.

한편 이 기사를 막으려 삼성이 쏟은 노력 또한 눈물겨웠다. 삼성은 경향신문 2월 1일 자 신문, 수십만 부를 사들여 경향신문 가판은 창간 이래, 최대 부수를 파는 기염을 토했다.

이 삼분 사건으로 당시 국내 설탕 시장에서 60% 이상을 차지하던 삼성(제일제당)은 15억 원, 호남제분과 대한제분은 합쳐서 40억 원, 시멘트업자들은 10억 원 이상에 달하는 부당이득을 챙겼다.

이들은 박정희와 공화당에 최소 20억 원 이상을 갖다 바치고 그 대가로 65억 원 이상을 거둬들였다. 당시 한국의 1년 예산이 700억 원이었으니 한 해 예산의 10%를 부당이익으로 챙겼던 셈이다. 지금으로 따지면 30조 원이 넘는 돈이다.

이를 보고 "역시 기업은 이윤이 최고의 가치"라고 말할 수 있겠

는가? 이것은 재벌이 정권과 짜고 국민을 속인 기만행위이자 사기
일 뿐이다. 당시 국민은 흉작과 태풍으로 심각한 식량난을 겪고 있
었다. 아사자가 속출하고 칡뿌리로 연명하던 국민이 태반이었다는
말이다. 그런 국민을 대상으로 생필품을 독점 생산하던 재벌그룹들
이 정부와 짜고 그들에게서 고혈을 짜낸 것은 어떤 변명으로도 용
서되지 않는 행위다.

부실기업

인수

"기업은 차관을 빌려서라도 장사를 하라. 책임은 정부가 진다" 면서 차관에 대한 '지급보증제도'를 시행했다. 이 지급보증제도는 투명한 경제정책 집행이 아닌 일종의 갬블 즉, 도박이었다. 이 제도는 결국엔 기업과 은행의 도덕적 해이(모럴해저드) 현상까지 일으켰다.

정부가 던져 준 이런 엄청난 특혜를 기업들이 마다할 리 있었겠나? 혹 나중에 일이 잘못돼도 국가가 책임저 준다는데 말이다. 기업들은 앞다퉈 상업차관을 끌어다 썼다. 그러나 이렇게 마구잡이로 외국돈을 끌어다 쓴 기업들은 세계 경제가 침체하면서 덫이 됐다.

국내 자본도 마찬가지였다. 그동안은 자금이 부족할 때 사채시장으로 달려가던 터였다. 기업들은 국가가 채무보증을 서준다고 하자 제도금융권에 손을 벌렸고 이들 기업에 돈을 빌려준 은행들까지 위기에 처하게 된다.

은행은 기업이 대출을 요청하면, 그 기업의 재무건전성과 각종 지표를 들여다보고 담보는 있는지 또 대출을 갚을 능력은 있는지를 살펴보고 나서 돈을 빌려주어야 한다. 은행의 존재 이유이자 본래 기능이다. 물론 이게 끝은 아니다. 돈을 빌려준 뒤에도 그 돈이 계획대로 잘 쓰이고 있는지 관리 감독도 마땅히 해야 한다. 그런데 국가 시책은 은행의 본래 임무를 게을리하게 하는 결과를 낳았다.

잘못되면 국가가 책임을 진다는데, 뭣 하러 그런 시간 낭비를 하겠는가? 은행은 묻지도 따지지도 않고 기업에 대출을 해주기 시작했다. 그러나 시설 중복투자, 제 살 깎아 먹기식 경쟁으로 국내 기업 중에서 외자를 끌어다 쓴 기업들부터 무너지기 시작하고 사태가 심각하게 돌아가자, 정부가 다시 나선다. 그렇게 해서 나온 것이 '부실기업 정리'다.

1969년 2월, 박정희는 "부실기업체 정리"를 지시한다. 그 책임자로는 박정희의 처조카 사위 장덕진이 임명됐다. 이렇게 정리된 기업이 인천제철, 삼화제철, 천우사, 아세아자동차, 한국철강, 한국제강, 삼양수산, 내외방직, 동립산업, 대한프라스틱, 공영화학, 대한조선공사, 동양화학 등이었다.

문제는 이렇게 선정된 부실기업을 특정재벌들이 손쉽게 인수할 수 있도록 정부가 길을 내줬다는 것이다. 부실기업들이 저지른 '나 몰라라 돈 끌어다 쓰기'도 문제였지만, 부실기업을 키운 데는 분명히 잘못된 정부 정책도 한몫했다. 한데 정부의 큰 원인은 깡그리 무시한 채, 국가가 나서서 기업을 정리하고 특정 재벌에게 '조세 감면', '저리 융자' 등의 특혜까지 주면서 부실기업 인수를 권장했다. 부실기업 정리의 이면을 보면 당시 정리 대상 기업들이 "우리는 정부 정책에 충실히 따랐을 뿐"이라고 항변하던 모습이 이해되기도 한다.

이 부실기업들을 인수하면서 덩치를 키운 재벌이 동국제강, 신동아, 한진, 현대 등이었다. 동국제강은 삼화제철을, 신동아는 공영화학과 대한프라스틱을 인수했다. 제일제당은 동립산업을 인수했고, 부실기업 정리 전까지 대한민국의 수출실적 1위 회사였던 천우사는 산산이 쪼개져 그 일부를 금호가 인수했으며, 동국제강은 아세아자동차와 한국철강도 가져갔다.

정부가 시장에 직접 개입해 특정 재벌을 밀어주는 것은 오른쪽 표에서 나타나는 대로 재계의 판도 자체를 바꾸어 버렸다.

이처럼 부실기업 인수는 재벌들이 자기 계열사를 문어발처럼 확장하는 데 결정적 역할을 했다. 부실기업 인수로 일개 중소기업에서 일약 초특급 재벌 반열에 오른 대표적 인물이 대우 김우중이다.

1978년, 미국 뉴욕에 있던 김우중 대우그룹 회장에게 남덕우 부총리로부터 전화가 한 통 걸려왔다. 옥포조선소 건설공사가 대우에 맡겨졌다는 통보였다. 김우중은 깜짝 놀랐다. 김우중은 분명히 출국

연도 재계 서열	1960년	1972년	1979년	1987년
1위	삼성	삼성	현대	현대
2위	삼호	LG	LG	삼성
3위	개풍	한진	삼성	LG
4위	대한전선	신진	대우	대우
5위	LG	쌍용	효성	SK
6위	동양	현대	국제	쌍용
7위	극동해운	대한	전선한진	한화
8위	한국유리	한화	쌍용	한진
9위	동립산업	극동해운	한화	효성
10위	태창방직	대농	SK	롯데

10대 재벌 순위변화(자산 기준)_공정거래위원회

전, 남덕우 부총리에게 "저는 조선이 무엇인지 전혀 모릅니다"라고 조선소를 맡을 수 없다는 의사를 전달했기 때문이다.

남덕우는 "박 대통령께서 직접 선정하셨기 때문에 당신과의 약속을 지킬 수 없게 됐소. 아무튼, 미안하오"라고 했다. 대우의 성공신화는 뒤에는 부실기업을 밀어주는 특혜가 있었다.

1970년대까지 재계서열 10위 권에 명함도 못 내밀던 대우는 부실기업들을 차례차례 인수하면서 덩치를 키워, 1970년대 말 재계서열 4위까지 뛰어올랐다.

대우그룹과

김우중

1936년 12월 19일에 대구에서 태어난 김우중은

경기중, 경기고, 연세대학교를 졸업하며 철저한 엘리트 코스를 밟았다. 그의 아버지는 사범학교 교장, 서울대 교수, 문교부 장학관, 제주도 지사를 지냈고, 어머니 또한 그 시대에선 보기 드문 이화여전을 졸업한 신여성이었다. 김우중은 한마디로 귀족에 성골에 엘리트 집안 백그라운드를 가졌던 셈이다. 기득권 세력끼리 '그들만의 리그'를 만들어 밀어주고 끌어주는 우리 사회 특성을 고려했을 때, 그가 어떻게 초단시간에 최고의 부호 반열에 올랐는지 짐작이 가고도 남는다.

김우중 성공 신화를 굽어보려면 그 아버지 김용하를 먼저 살펴

봐야 한다. 김용하는 제주도 출신에 평양제2고보를 나와 도쿄 법정대학을 다니다가 서울대학을 졸업하고 김우중이 태어날 때는 대구사범학교에서 교사 생활을 하고 있었다.

나중에 김용하는 이 학교 교장까지 역임했는데, 김용하가 교사와 교장으로 재직했던 이 대구사범학교는 공교롭게도 박정희가 다닌 학교였다. 김용하와 박정희는 사제지

■ '세계는 넓고 할 일은 많다.'의 주인공 김우중. 한때는 젊은이들의 우상, 샐러리맨들의 신화로 존중받았던 인물이다.

간인 셈이고, 박정희는 김우중 아버지가 김용하임을 알고 김우중을 전폭적으로 지원한다.

부유했던 그의 집안은 한국전쟁 중에 아버지가 납북되면서 기울어져 갔다. 대구 피난 시절, 아버지는 납북되고 형은 입대하며 집안에 동생들과 어머니만 남자 당시 중학생이던 김우중은 형이 제대할 때까지 장사에 뛰어들며 실질적으로 가장 노릇을 했다.

아버지 김용하가 어릴 적 김우중에게 "너는 장사해라"라고 했다는데, 그 때문인지 김우중은 막연하지만 '커서 장사해야겠다'고 마음먹었다고 한다. 그렇지만 그 시점이 너무 일렀다고 해야 할까, 자본금도 없고 장사 수완과 경험이 없던 중학생으로서 할 수 있는 장

사가 뭣이 있었겠나?

김우중은 신문팔이부터 시작했다. "남과 똑같이 해서는 안 된다"는 생각에 김우중은 신문보급소로 가장 먼저 달려가 신문을 받아와서는 다른 아이들이 오기 전에 제일 먼저 신문을 팔았다. 물론 시간이 지나 다른 신문팔이들이 합세하니, 벌이가 그리 신통치는 않았던 것 같다. 그래서 고안한 것이 "거스름돈 주고받는 시간을 줄이자"였다.

아이디어는 통했다. 거스름돈을 미리 종이에 싸서 준비한 뒤 손님이 돈을 주면 신문과 거스름돈을 바로 주어서 시간을 절약할 수 있었다. 다른 아이들보다 조금 더 많은 돈을 벌 수 있었다.(다른 신문팔이들이 50부 팔 때 김우중은 150부를 팔았다고 한다.) 그러나 이도 한계에 부닥쳤고, 따라 하는 아이들도 생기자 다시 다른 아이디어를 구상한다.

두 번째 방법은 일단 공짜로 신문을 뿌리는 것이었다. 김우중보다 뒤늦게 온 다른 신문팔이 아이들은 막상 신문을 팔려고 해도, 이미 신문이 공짜로 다 뿌려진 터라 더는 팔기 어려웠다. 김우중은 일단 공짜로 뿌리고 돈은 나중에 받으러 갔다. 공짜로 신문을 받아 본 사람이 신문대를 안 주면 말고, 주면 단지 감사하게 받았다.

이런 식으로 며칠 장사를 하다 보니 소문이 돌고 돌아 서문시장 신문 장사에서는 다른 신문팔이는 얼씬도 못 하고 김우중이 독점할 수 있었다. 첫 장사에서 독점이란 달콤한 독을 맛본 김우중의 최후는 독자들도 다 알고 있듯이 처절하게 망한 것이다.

김우중은 연세대학교 시절에 장학금을 받으며 학교에 다녔는데, 이 장학금은 한성실업이라는 회사 사장 김용순이 주었다.(한성실업 김용순은 김우중을 두고 "김우중은 아무리 어려운 업무라도 어떻게 해서든 완벽하게 마무리 짓는다. 하도 통이 크고 의협심이 강해 내가 우리 집사람에게 '우중이가 크게 되면 이루 말할 수 없이 크게 되고 그렇지 않으면 감옥소 들어갈 놈이야'라고 말했어"라고 한 적이 있는데, 지금 보니 소름 끼치게 맞는 말이다.

대우실업이 창립 첫해에 그 많은 수출실적을 올릴 수 있었던 데는 외국 바이어들과 김우중과의 돈독한 인연 때문이었는데, 이 인연의 시발점이 바로 한성실업이었던 것이다. 결과적으로 김 사장의 예언은 적중했다. 김우중의 신화가 깨진 것을 본 김 사장의 마음은 어땠을까?) 김우중이 대학을 졸업하고 택한 첫 번째 직장이 한성실업이었던 데는 다 그만한 이유가 있었다고 볼 수 있다.

김우중이 한성실업에 입사한 때는 1961년으로, 그는 세일즈에 엄청난 두각을 나타냈다. 한성실업은 김우중 입사 전까지 수출업무는 없었으나 김우중이 첫 번째 오더를 따내면서 수출을 시작했다. 한성실업이 거둔 눈부신 무역 수주는 전부 김우중이 낸 실적이라고 해도 과언이 아니었다.

김우중은 고작 30대에 회사의 꽃이라 불리는 이사 자리에 올랐다. 그런데 서른하나 되던 해 "더 이상 월급쟁이는 안 한다"고 외치며 1967년에 친구 넷과 함께 자본금 500만 원으로 충무로에 '대우실업'이라는 회사를 창립했다.

이 회사는 곧바로 승승장구한다. 섬유수출 붐이라는 시기를 만난 행운, 김우중 특유의 타고난 세일즈 실력 그리고 일벌레라 불리던 그의 추진력 덕분이었다. 대우실업은 설립 첫해에 58만 달러 수출을 달성한 데 이어 5년 후에는 수출 19억5,000만 달러라는 경이적인 기록을 세웠다. 어마어마한 성장이었다. 한데 이런 대우실업 김우중에게는 뒷배가 있었다.

박정희는 뒤에서 김우중을 물심양면으로 도왔다. 박정희가 지원하지 않고 오직 김우중의 힘만으로 대우실업이 초고속 성장했다는 건 동화 같은 이야기다. 박정희는 자기 은사에게 보답하고자 김우중과 대우실업에 엄청난 특혜를 주고 지원사격했다.

김우중이 회사를 차린 1967년은 박정희 정부가 벌인 '제2차 경제개발 5개년 계획'이 시작되던 시기였다. 이때부터 정부는 강력한 수출지향경제정책을 썼는데, 그 혜택을 가장 많이 본 이가 바로 김우중이었다. 김우중 신화 1등 공신은 박정희였다.(김우중은 1992년 〈신동아〉와 한 인터뷰에서 "저희 선친이 대구사범에서 교편을 잡으신 일이 있는데 박 대통령이 당시 재학했었는지는 잘 모릅니다. 그러나 젊은 나이에 수출에 매달려 열심히 일하는 저를 아들처럼 좋게 평가했다는 사실은 분명합니다. 그러나 그게 어떤 혜택의 원인이라고는 보지 않아요."라고 했다.)

타고난 머리, 근면성, 수출 호조 시기, 최고통수권자 뒷배 등이 기가 막히게 맞아 떨어지면서 김우중은 시업에서 훨훨 난다. 대우실업을 차린 지 10년 만에 동남전기(이후 대우전자) 한국기계공업(이후 대우종합기계) 대한보일러공업, 옥포조선(이후 대우조선) 새한자동차(이후 대우자동차) 대우건설, 동양증권(이후 대우증권) 한국중공업, 대우중공업, 신진자동차, 대한전선, 대한보일러공업, 한미금융 등을 창설하거나, 인수·합병하면서 사장 자리에 오른다.

한데 이 또한 대우와 정권의 유착관계로 가능했던 것으로 볼 수 있다. 회사 설립이야 김우중이 능력 있거나 선택할 문제로 돌릴 수 있겠지만, 부실기업 인수는 정부와 김우중 사이에 이해타산이 맞아야만 가능한 일이었다.

박정희는 대우가 싼값에 부실기업을 인수하도록 도왔고, 김우중은 이렇게 인수와 합병을 거듭하며 대우를 거인으로 키웠다. 박정희는 수시로 김우중을 청와대로 불러 '도와줄 것 없느냐?'며 물었고 알짜배기 부실회사가 있으면 그에게 인수를 권유했다. 대우는 이렇게 부실기업을 인수하는 데 필요한 차입금을 늘리는 식으로 그룹 덩치를 키워갔다.

김우중은 한편 정부가 자신에게 "부실기업을 제발 좀 맡아달라고 요청해서 싫었지만, 나라를 위해 떠맡은 것도 있다"고 얘기한 적이 있다. 이와 관련해 현대 정주영은 김우중에게 "대우는 벽돌 한 장 쌓지 않고 기업을 일구었다."고 비아냥대기도 했다.

정주영과 김우중의 사이는 좋지 않았는데 취급품목이 거의 중복되는 데서 오는 경쟁 탓이기도 했으나, 둘이 기업을 키운 방식이 전혀 달랐기 때문이기도 했다.

김우중이 공격적으로 부실기업을 인수한 연대기를 살펴보자. 그는 먼저 1972년 고려피혁을 인수한다. 이후, 1973년에 쌍미섬

유공업을 인수하고 나서 금융업에 뛰어들어 대우증권 전신인 동양증권을 인수했다. 건설업에 뛰어들면서는 영진토건을 흡수했다. 1970년대 중반에는 중화학 분야에까지 진출해서 한국기계공업과 제철화학을, 1978년에는 새한자동차를 인수하며, 대한조선공사 옥포조선소까지 먹는다.

당시 김우중에게는 '인수 왕'이라는 별명이 붙을 정도였다. 김우중이 이렇게 마구잡이로 회사를 인수하는 데 우려를 표하는 사람들이 나타나자, 김우중은 그들에게 "바보들아, 부실기업을 헐값에 사서 조금만 노력하면 비싸게 팔 수 있는데 얼마나 좋은가"라며 반문했다고 한다.

대우

몰락

김우중이 사업에서 항상 성공만 한 건 아니다.

첫 번째 위기가 1970년에 찾아왔다. 무리한 사업 확장과 투자가 그 원인이었다. 당시 채권은행인 제일은행은 대우를 부도내려고 했으나 어음만기 마지막 날 제일은행장 박노성이 직접 지시해서 부도 사태를 막았다. 김우중은 은행과 나라의 도움으로 늘 위기에서 탈출했다.

김우중을 위기에서 구해 준 박노성은 훗날 대우실업 회장, 동양투자금융사장 자리에 올랐다. 두 번째 위기는 1977년 오일쇼크 때 들이닥쳤다. 이때는 체이스맨해튼 은행이 대출금 700만 달러를 대출해주면서 부도위기를 모면했다. 체이스맨해튼 은행은 왜 이런 어마어마한 돈을 꿔줬을까? 이 은행엔 김우중 경기고 후배인 오인석이 차장으로 있었다.

김우중이 어찌 이토록 막강한 힘을 지닌 은행에 군침을 흘리지 않을 수 있었을까? 두 번째 위기를 겪고 난 김우중은 금융업, 특히 은행 소유를 평생 숙원사업으로 삼고 마침내 동양투자금융, 동양증권에 보험까지 탄생시키고 지방은행인 충북은행을 소유하면서 그 소원을 풀게 됐다.

두 번의 위기를 극복한 대우였지만 마지막 위기는 누가 도와준다고 해결할 수 있는 그런 종류가 아니었다. 김우중이 서서히 몰락으로 치닫게 되는 사건, 김우중이 맞닥뜨린 마지막 위기는 바로 '대우 사태'다.

대우 사태는 김우중이 그렇게 외쳐대던 '세계 경영'에서 출발했다. 당시 문민정부도 세계화네 국제화네 하면서 국민에게 이를 알리려고 힘썼으니, 경제성 없는 삼성자동차가 개봉박두한 것도 바로 이 세계화 논리 덕택이었다. 김우중과 김영삼은 서로 생각이 딱딱 맞아떨어졌다. 김우중은 공격적 경영 논리와 탐욕으로 세계경영을 시작하는데, 이를 쉽게 표현하면 "덩치만 키우면 성공한다"는 국내에서 나름 검증한 확신이었다. 결국, 대우는 이 세계경영에 발목을 잡히며 망가진다.

자본은 없는데 대출로 그 틈을 막고 분식회계로 사기 쳐 다시 대출받고 무리하게 국외 투자에 나선다. 당시 대우가 내세웠던 세계경영은 선진업체가 진출하지 않은 개발도상국들과 옛 공산권 국가

■ 2014년 12월, KBS 1TV에서 방영한 시사기획 '창'. 1994년 김영삼 대통령은 '시드니 선언'을 통한 세계화를 새 국가전략으로 제시했다. 세계화, 저탄소 녹색성장, 창조경제, 능력 없는 정권들은 그들의 무능력을 감추기 위해 늘 이상한 구호정치로 국민을 속인다.

들을 대상으로 했다.

대우는 우선 현지법인을 설립한 뒤, 국내에서 하던 인수·합병 방식으로 세계경영이라는 허울을 메워나갔다. 대우가 국외에 투자한 규모는 80억 달러에 달했는데, 이 중에서 국외법인이 차입한 돈만 68억4,000만 달러였다. 빚으로 모래성을 쌓은 셈이랄까.

대우는 1993년, 우즈베크(우즈베키스탄) 가전 공장에 이어 폴란드 TV 공장, 이듬해 대우중공업 영국현지법인 유로 대우, 중국현지법인 대우중공업 연대 유한공사, 루마니아 자동차합작공장, 대우중공업(주) 러시아 기술연구소 DISK, 1995년에는 말레이시아 세탁기 공장을 설립했다. 체코 국영상용차사 인수부터 대우증권(주) 상해사무소 개설, 베트남 하노이 컬러브라운관 공장 준공, 우즈베크에 교환기합작공장 설립까지 밀어붙였다. 1995년에는 중국 천진에 팩시밀리 합작공장을 설립하고, 폴란드 최대 자동차기업 FSO까지 인수하며 밑 빠진 독에 물을 열심히 붓는다.

대우는 그러나 여전히 목이 말랐다. 1996년에는 루마니아에 DAEWOO-RODAE 공장을 준공하고 우크라이나에 대용량교환기 합작공장도 설립했다. 베트남에 비담코 자동차 공장과 인도네시아에 컬러 브라운관 공장을 준공했다. 이듬해인 1997년에는 우즈베크에 대우은행을, 인도에 종합 가전 공장을 설립함으로써 세계경영에 화룡점정을 찍는다.

이 많은 외국 공장들이 모두 부실투성이였다면 과연 누가 믿겠느냐만, 황당하게도 사실이었다. 대표적인 사례 하나만 소개해 보자.

대우가 1995년에 폴란드 최대 자동차 기업 FSO를 인수했는데, 애초 폴란드 측에서는 지엠(GM), 포드와 협상을 하고 있었다. 폴란드는 GM에 전 직원 2만 명 고용승계에다가 앞으로 폴란드에 지속적인 투자를 요구했다. 그러나 GM은 이 조건을 거부하며 "고용승계는 30%만 할 수 있고 최대 5만 대 정도 만들 수 있게 투자하겠다"고 제안했다.

이런 과정에 대우가 갑자기 끼어들어 폴란드가 요구한 직원 2만 명 전원 고용승계는 물론, 최대 20만 대를 생산하게끔 투자하겠다는 엄청난 제의를 폴란드 쪽에 던졌다.

폴란드로서는 대우가 하늘에서 내려온 천사일 수밖에 없었을 것이다. 결국, FSO 사는 GM이 아닌 대우가 인수했다. 한데 문제가 인수 후에 바로 터졌다. 공장 가동률이 30~40%에 불과했던 것. 2만 명을 고용 승계했는데 1만 명 이상이 매일 놀며 월급을 타가는 비상사태가 발생한다. 이러니 차를 많이 만들 수도 없고 또 만들어도 안 팔렸다. 대책이라는 게 고작 비정상적으로 싼 가격으로 손해 보면서 차를 파는 허섭스레기 같은 것이었는데 적자는 그렇게 눈덩이처럼 불어났다.

이 상황에서 한국의 외환위기(IMF 사태)가 터진다. 어찌 대우가 이걸 감당할 수 있었겠나? IMF 사태로 환율이 곱절로 뛰니 부채도 덩달아 그만큼 뛰었다. 1달러에 900원 하던 게 2,000원까지 올라가니 안 그래도 사상누각이었던 대우 국외법인은 몰락할 수밖에 없었다. 차입경영으로 빚어낸 말로가 어떤 건지 대우가 똑똑히 보여줬다.

그럼, 이쯤에서 대우가 망한 이유를 대략 짚어보자. 첫째는 단연코 정경유착이다. 정부는 세금 감면해주고 싼 이자로 거액을 대출해주고 김우중은 그에 걸맞은 정치자금을 찔러줬다. 이와 관련해 훗날 대우그룹 구조조정본부장이었던 김우일은 월간조선과 한 인터뷰에서 다음과 같이 증언했다.

해외여행 때 메고 다니는 가방에 1만 원권으로 현금 5억 원이 들어갑니다. 이 정도 현금은 은행들이 바꿔주지도 않아요. 대우그룹 거래은행에 전화해서 '몇 시까지 현금 얼마 준비해 주시오' 하면 1만 원권으로 잘 포장해 놓습니다. 전달은 주로 사장단 비서나 대우와 전혀 관계없는 사람이 하는데, 밤늦은 시각이나 새벽에 집으로 보내거나 차 트렁크에 넣어 줍니다.

둘째, 인사 문제다. 김영삼이 "인사는 만사(萬事)"라고 했다가 "인사는 망사(亡事)"가 되어 외환위기를 불러왔고, 박근혜 대통령이 집권 내내 인사문제로 정국을 시끄럽게 하고 결국 이도 저도 아닌 정부로 전락하고 만 것도 인사가 얼마나 중요한지를 말해준다. 그런데 이런 중요한 인사문제를 김우중은 학맥으로 해결했다.

대우그룹에서 큰 소리 좀 낸다는 사람 이력서를 뒤지면 전부 김우중이 졸업한 경기고등학교 출신들이었다. 선후배끼리 희희낙락하며 모든 걸 사적인 자리에서 해결하는데, 어떻게 회사 경영이 제대로 굴러가겠는가? 선배가 잘못된 경영방침을 내리면 후배가 비판이나 할 수 있겠는가?

대우는 우려, 비판, 또는 감시 따위의 목소리는 전혀 들을 수 없는 조직 구조였다. 학력이나 학벌이 아니라 실력이 중요하다는 기초적인 상식조차 몰랐으니 진작 안 망한 게 이상할 정도다.

셋째는 무리한 문어발식 기업 확장이었고, 넷째는 범법행위였다. 분식회계를 아무렇지도 않게 저지르고 가짜 영수증을 버젓이 만들어 올리고 부채가 있는데도 장부에 누락시키며 심지어 적자인데 흑자로 장부를 조작했으니……. 이런 행동은 다 은행과 나라에서 돈 더 받아내려는 속셈인데 가깝게는 투자자를 기만하고, 주주를 바보로 만들며 멀게는 국민을 속이는 파렴치한 작태다.

대우가 망하면서 하늘로 날아간 돈이 자그마치 42조9,000억 원이다. 금융 선진국에서 이런 짓 했다간 평생을 감옥에서 썩어야 한다. 그런데 대우는 이런 중범죄를 아주 떳떳하게 저질렀다.

이한구 같은 인간은 "김대중이 때문에 대우가 망했다"는 자다가 봉창 두드리는 소리를 아직도 해대고 있다. 김대중보다 김우중 총애를 받으며 대우에 몸담았던 이한구는 분명 대우 몰락에 더 큰 책임이 있다. 이 정도 사리분별은 제발 하기 바란다. 하기야 지난 대선때, 새누리당의 원내대표로서 '박근혜의 차지철'이라는 이야기까지 들으신 양반에게 무얼 더 기대하겠는가?

아래 칼럼은 이한구가 박근혜에 과도한 충성으로 '박근혜의 차지철'이라 불리던 때 필자가 〈투데이 신문〉에 기고한 것이다. 다시 한 번 이한구의 수준을 독자 여러분께 알린다.

새누리당의 대통령 후보인 박근혜 의원의 역사 인식 문제로 정가가 시끄럽다. 독재자의 딸인 박근혜 의원은 자기 아버지인 박정희의 유신독재 시절에 일어난 대표적 사법살인 '인혁당 사건'에 대해서 "대법원 판결이 두 가지로 나오지 않았느냐, 앞으로의 판단에 맡겨야 하지 않겠느냐고 답을 한 번 한 적이 있다."고 이야기했다.

이 발언에 대해 논란이 일자 다음날 다시 한 번 "대법원에서 상반된 판결이 나온 것도 있지만, 한편으로는 그 조직에 몸담았던 분들이 최근 여러 증언을 하고 있기 때문에 그런 것까지 고려해 역사 판단에 맡겨야 되지 않겠느냐고 한 것"이라며 전날 발언에 대해 사과할

뜻이 없음을 분명히 했다. 인혁당 사건에서 증거 날조나 고문은 없었다는 주장이다.

여당의 대통령 후보가 이 정도의 역사인식과 법리적 지식을 가지고 있다니 말문이 막힐 따름이다. 억압과 폭력이 난무하던 서슬 퍼런 유신 시대에 경찰이나 검찰이 제대로 수사를 했던가? 혹은 사법부에서 제대로 된 판결을 할 수 있었나?

전 세계에서도 당시의 판결을 부끄러운 일이라며 '사법 역사상 암흑의 날'이라고 규정하는데 박근혜는 도대체 어느 시대를 살아가고 있는 것인가? 재심이 청구되어 대법원에서 최종적으로 무죄판결이 난 사안이다. 국가가 피해자들에게 사과하고 보상까지 하기로 결정난 사안이다. 그런데 두 개의 판단이라니? 도대체 어느 나라 법이 그렇게 된단 말인가? 법의 기초도 모르는 사람이 대통령을 하려고 하니 답답하기가 이루 말할 데가 없다.

더 고약한 것은 후보가 이런 잘못된 생각을 갖고 있으면 충고를 하고 고언을 해야 할 주위에서 직언은커녕 충성경쟁만 하고 있다는 것이다. 그 대표주자가 새누리당 원내대표인 이한구이다. 박근혜의 이 발언이 논란이 되자 이한구는 "다들 배가 부른가 보지? 연좌제도 아니고"라는 망발을 서슴지 않았다. 민주통합당에서 이 이야기를 듣고 이한구에게 "박근혜의 차지철"이라고 했다는데 그런 말을 들어도 변명의 여지가 없는 황당무계한 발언이었다.

누가 누구보고 배가 부르냐고 하는 것인가? 입에 밥만 들어가면 민주나 인권, 복지 같은 건 소용없다는 이야기인가? 죄 없는 사람들을 몇십 명씩 죽여도 입에 밥만 들어가면 된다는 이야기인가? 배부른 돼지는 당신이나 하라. 박근혜 옆에서 튀어나온 배 두드려가며 그렇게 살아라. 단, 차지철의 마지막이 어떠했는지 똑똑히 기억하기 바란다.

이한구의 박근혜에 대한 과도한 충성심은 여기에서 그치지는 않는다. 이한구는 "묻지 마 살인" 등의 흉악범죄가 늘어나는 원인에 대해 야당인 민주당 탓으로 돌리는 적반하장도 서슴지 않았다. (…) 이런 걸 보면 당신이 대우에 있을 때 김우중한테 어떻게 했을지 안 보고도 짐작이 간다. 그러니 대우가 망한 것이다. 왜, 또 김대중 탓을 할 텐가? 아서라 부채가 60조에 분식회계가 41조 원이나 됐고 은행을 이용한 사기대출이 10조 원이나 된 회사가 안 망하면 그게 이상한 거다.

20대 총선에서 새누리당이 망한 근본원인도 공천이 아닌, 사천을 주도한 이한구 탓이다. 그러나 그는 자기 잘못이 아니라고 항변이나 했으니, 이런 사람을 애지중지했던 김우중의 그릇도 알 만하다.

다섯째, 당시 한국 경제 상황이 최악이었는데도 김우중은 이를 제대로 파악하지 못했다. 정부는 기업들에 부채비율을 200%로 맞추라고 지시했다. 그런데 대우의 부채비율은 천문학적 단위였다. 은행에서는 당연히 대우의 융자요청을 거절한다.

대우에서 한 최후의 선택은 CP(단기 무담보 어음)와 회사채 발행이었다. 문제는 이 회사채 이자가 무지막지하게 높았다는 것이다.(당시 회사채 금리가 20% 정도였다.) 이즈음 정부는 CP 발행 한도를 규제하고 있었는데, 대우만 발행 한도를 넘겼다.

유동성 문제에 봉착한 대우는 대우차를 GM에 팔려고 했으나 GM이 매각을 연기해버렸다. 대우가 이렇게 어려워지는 와중에 보고서 한 장이 세간에 튀어나오고, 이 보고서 한 장으로 대우의 침몰은 시작된다.

1998년 10월 29일, 노무라증권 서울지점에서 A4용지 네 장 분량으로 보고서 하나가 고객에게 배포됐다. 그 보고서에는 "대우그룹에 비상벨이 울리고 있다(alarm bells is ringing for the daewoo group)"라고 쓰여 있었다.

이 보고서는 노무라증권 고원종이 썼는데 구체적인 내용은 "대우는 주가가 낮아 유상증자를 통한 자금조달이 어렵다. 대안이 있다면 자산매각뿐인데 매각할 자산도 없다. 워크아웃에 들어갈 수 있다."였다.

이 보고서를 보고 가장 먼저 움직인 곳이 삼성이었다. 삼성캐피탈, 삼성생명, 삼성화재 등 삼성 금융계열사들은 한꺼번에 대우에서 돈을 빼내 가기 시작해서 결국 여신 제로 상태까지 만들었다. 급해진 김우중은 1999년 3월 23일, 이건희가 집무실로 쓰고 있는 승지원까지 찾아가 보지만 별 소득은 없었다.

빚을 얻어 다른 빚을 막던 대우에 돈줄이 막히자, 김우중은 갑갑할 수밖에 없었고 1998년 12월 아세안회의 참석차 베트남의 하노이 대우호텔 스위트룸에 묵고 있던 김대중을 찾아간다. 이 자리에서 김우중은 김대중에게 "6조 정도면 문제를 해결할 수 있다."며 도움을 요청했다. 김대중은 "생각해 보자. 강봉균 수석에게 이야기해 보겠다."며 그를 달랬다.

그러나 강봉균은 단칼에 거절했다. 말도 안 된다는 소리였다. 승강이 끝에 나온 마지막 방법이 바로 그 유명한 '빅딜'이다. 대우전자를 삼성에 주고 대우에서 삼성자동차를 받고 41개 계열사를 15개 사로 줄이는 계획이었다. 1998년 12월 7일, 삼성과 대우는 빅딜에 잠정 합의하나, 삼성이 돌연 거부하고 1999년 6월, 삼성차는 결국 법정관리를 신청했다.

김우중은 1999년 7월에 이헌재 금감위원장을 찾아가 이렇게 말했다. "경영권에 연연하지 않을 테니 조용하게 융자를 도와주세요. 3~4조만 지원해주면 충분합니다." 그러나 이헌재는 "시장에 납득할 만한 자구책을 내놓으세요"라며 거절했다.

대우 사태가 터지기 전에 여러 사람이 다양한 각도로 김우중에게 구조조정을 하라고 했지만, 외려 김우중은 임직원들에게 위기를 기회로 삼아 공격적으로 나갈 것을 지시했다. 오죽했으면 대우 측의 한 인사가 김우중 몰래 청와대로 가서 "제발 좀 회장님을 말려달라"는 이야기까지 했을까.

요컨대 대우가 망한 건 철저히 김우중의 잘못된 판단 때문이었다. 김우중은 지푸라기라도 잡을 심정으로 대통령 김대중에게 직접 편지까지 써 손을 내밀었지만, 김대중은 묵묵부답했고 대우는 몰락했다.

대우는 41조 원에 달하는 분식회계를 일삼았고, 은행을 이용한 사기대출 금액만도 10조 원을 넘겼다. 대우가 망하며 남긴 빚은 전 세계에 유례가 없을 정도였다. 이 빚은 공적자금을 들이부어 메꿔야 했는데, 이는 죄다 국민 세금이었다. 군사독재 시절, 온갖 특혜로 달콤한 과실은 재벌들이 다 따먹고 남은 후폭풍이 또 한 번 국민 몫으로 남겨졌다.

8·3

사채동결

정부는 대통령 긴급명령으로 '경제의 안정과 성장에 관한 긴급 명령 15호' 즉, '8·3 사채동결 조치'를 전격적으로 발표한다. 이 조치는 "8월 2일, 현재 모든 기업의 사채를 동결, 정부에 신고하게 하고 8월 3일 자로 월 이자, 1.35%, 3년 거치 후, 5년 분할상환조건으로 전환하거나 기업에 대한 출자로 바꿀 것을 명령"한 것이다.

우리는 정부가 지급보증제도와 외자도입으로 재벌에 금융 특혜를 베풀었다는 사실을 알고 있다. 이처럼 자기자본이 약했던 우리 재벌들은 정부 도움으로 외채를 받아 기업을 운영했으나, 특혜를 받았든 아니든 돈은 빌렸으면 갚아야 한다.

1970년대로 들어서며 외국에서 빌린 돈을 상환해야 하는 날짜는 다가오고 당시 국외 경기는 내리막이었으며, 수출이 둔화하자 돈이 부족했던 재벌들은 사채시장으로 눈을 돌려 막힌 숨통을 틔웠다.(1970년 10%, 1971년 10.5%에 달했던 경제성장률은 사채동결이 발표되던 1972년에 5.7%까지 떨어졌고, 수출증가율도 1968년 42.2%에서 1969년 36.7%, 1970년 34.2%, 1971년에는 27.8%대로 하락했다. - 통계청, 무역협회)

기업 금융에서 1968년 14.2%, 1969년 19.1%이었던 사채 의존도는 1970년도에 들어서 30.2%나 폭증할 정도로 기업은 사채에 자금을 의존했다.

예나 지금이나 사채시장은 이자가 비싸기로 유명하다. 당시 시중은행의 예금이자가 연 15~25%였던 반면, 사채시장 이자는 연 40~60% 수준이었다. 그러나 돈줄이 마른 기업들에는 이런 돈이라도 융통해준다는 자체가 감사했다. 문제는 역시 만기였다.

사채시장에서 빌린 돈을 갚아야 할 만기시점이 다가오고 빌린 돈을 갚지 못한 기업들이 부실화하며 상황이 심각해지자, 이병철이 주축으로 해서 만든 전경련이 박정희를 찾아간다.

1971년 6월 11일, 전경련의 김용완(경성방직, 경방그룹, 타임스퀘어) 신덕균(신동방 그룹) 정주영(현대그룹) 등이 청와대를 찾아, 김종필 총리, 김학렬 부총리, 그리고 남덕우 재무부 장관 등이 배석한 자리에서 박정희를 만났다.

김용완 이대로 가다가는 우리 기업들이 자금난으로 다 도산할 것입니다. 특단의 조치를 취해주십시오. 사채를 동결하고 세금감면, 금리인하 등의 조치를 취해서 기업들의 자금난을 해소해야 합니다.

당시 청와대 비서실장을 맡았던 김정렴의 회고다.

김용환 회장은 고리 사채에 대해 정부가 비상한 결단을 내리지 않는 한 모든 기업이 연쇄적으로 도산할 것이라고 대통령에게 역설했지요. 특히 자신이 경영하는 경성방직(경방의 전신)도 사채를 쓰고 있었는데 최근 공장 부지를 팔아 다 정리했다면서 조금도 사심 없는 건의라는 점을 강조했습니다

이렇게 해서 탄생한 정책이 바로 8·3 사채동결 조치다. 돈을 빌릴 때, 이자를 포함한 상환 날짜까지 양쪽에서 계약하고 돈을 융통했으면서, 이제 돈 빌린 쪽이 힘들어 죽을 지경이니 국가에서 이를 책임지고 해결해달라고 생떼 쓰고, 정부는 이 파렴치한 건의를 받아들여 개인들 간 사적계약을 국가가 나서서 무효로 만들었다. 무소불위의 권력이라는 말은 바로 이런 때 쓰라고 만들어진 것일 게다. 여기까지 오면 이곳이 대한민국인지, 조선민주주의인민공화국인지 도대체 모를 지경이다. 시장경제가 공산주의 계획경제와 가장 크게 다른 점은 '사유재산'을 인정하는 것일 텐데, 8·3조치는 이를 정면으로 위반한 국가 폭거였다.

사채이자는 40~60%의 고금리였다. 그러나 8·3 사채 동결로 기업에 돈을 빌려준 사람들은 시중은행 금리인 연 16.2% 이자만 받고 그것도 원금은 8년 뒤에나 받으라고 하니 날강도도 이런 날강도가 없다.

적산 불하, 기업 원조, 해외 자본 수수, 부실기업 혜택, 금융 혜택까지 온갖 특혜란 특혜는 다 받았는데도, 우리 재벌은 저보다 남 자본이 많은 이상한 경영 방식으로 일관했고 이젠 그 빚마저 국가가 나

■ 8.3 조치를 1면 전체에 걸쳐 보도한 당시 신문. 8.3 사채 동결 조치는 개인 간(사적) 거래를 무시한 국가폭력이었다. 국가가 재벌에게 베푼 특혜의 정점이 바로 8.3 사채동결 조치고 재벌들의 도덕 불감증과 특권의식은 이때 확고히 다져진다.

서서 탕감해주었다. 재벌들이 이룬 고성장이라는 과실은 그저 일반 국민의 희생으로 얻어졌다는 데 전혀 의심의 여지가 없다.

이때부터 재벌의 도덕적 해이가 심각해졌다. 어떤 일을 저지르더라도 정부가 앞장서서 재벌 편을 들어주니 도덕이란 말은 눈 씻고 찾아보려야 찾아볼 수 없게 된 것이다. 정권에 로비하고 정권 입맛에 맞게 기업을 운영하면 이것으로 자기들 부는 보장받는데, 뭣하러 기업운영 따위를 건실하게 할 필요가 있겠나.

8·3조치로 계열사를 늘리면 늘릴수록 법인세 면제 등 갖은 혜택을 받은 우리 기업들은 이때부터 누가 먼저랄 것도 없이 계열사 늘리기에 혈안이 됐다.

일례로 1974년 17개의 계열사를 거느렸던 럭키그룹은 1978년에는 43개로, 같은 기간 대우그룹도 10개에서 35개로, 효성은 8개에서 24개로, 롯데는 6개에서 15개사로 계열사를 쭉쭉 늘려나갔다. IMF 사태를 겪은 핵심적 이유가 재벌이 무리하게 계열사를 확장하고 그러면서 부채비율이 폭등한 데 있었는데, 그 씨앗은 1972년 8월 3일에 이미 잉태되었던 것이다.(재벌의 도덕적 해이는 8·3조치 때도 여실히 튀어나왔다. 당시 동결된 사채 총액이 3,456억 원이었는데, 이 중 3분의 1에 해당하는 1,137억 원이 재벌이 자기 기업을 상대로 사채놀이한 위장 사채였다. 즉, 국가로부터 금융 특혜, 외자 특혜를 받아 그 돈으로 기업투자를 한 것이 아니라 오너를 위해 자기 회사를 상대로 사채놀이를 하고 높은 이자를 받아 챙겼던 것이다. 대한민국 재벌의 부도덕한 양면성을 여실히 보여주는 사건이라 할 수 있겠다.)

박태균 서울대 국제대학원 교수는 〈8·3조치와 산업합리화 정책 – 유신체제의 경제적 토대 구축과정〉이라는 논문에서 8·3 사채동결 조치가 재벌이 탄생한 기원이라고 밝히며, "제일제당, 제일모직, 한국비료, 금성사, 현대건설, 대한항공, 효성물산 등이 8·3조치 이후 급성장했다."고 설명했다.

종합

무역상사

1972년 유신을 단행한 박정희는 유신을 반대하는 목소리를 경제성장으로 잠재우려 했다. 그래서 들고나온 것이 "수출 100억 불 달성"이었다.

정부는 1975년 4월, 일본 종합상사제도를 벤치마킹해 종합무역상사 제도를 신설하고, 이에 적합한 요건을 갖춘 기업을 종합무역상사로 지정했다. 종합상사를 쉽게 풀이하면, 기존 기업체들에 있던 전문성 여부는 묻지 않고 가능하다면 어떤 물건이든 무조건 외국에 수출할 수 있게끔 모든 여건과 상황을 정부가 일괄해서 도와주겠다는 것이었다.

종합상사를 따내는 것 자체는 엄청난 부를 쌓아올릴 절호의 기회였다. 그러나 종합상사를 할 수 있는 조건은 상당히 까다로웠으므로 재벌들 이외에는 종합상사를 해보겠다고 나설 기업이 없었다. 애초 재벌들 배를 불려주려고 시작한 사업이었던 셈이다. 재벌들은 여기서 다시 한 번 정부로부터 거대한 특혜를 받고 외형을 더 키웠다. 재벌이 문어발 확장을 가능하게 해준 조처가 바로 종합상사 지정이었다. 다음은 종합무역상사 지정요건이다.

> ▸ 100만 달러 이상의 수출, 10개국 이상에 10개 이상의 해외 지사 설치
> ▸ 자본금 10억 원 이상
> ▸ 연간 수출실적 5천만 달러 이상
> ▸ 50만 달러 이상 수출품목 7개 이상
> ▸ 1976년 말까지 기업을 공개

위 요건에서 보듯, 상당한 경제 규모의 재벌 아니면 종합상사를 신청조차 할 수 없었다. 첫해인 1975년, 최초로 이병철의 삼성물산 외 5개 사가 지정됐고, 이듬해에 6개 사, 1977년에 2개 사가 지정됐으며 1979년에 율산실업, 금호실업, 국제상사가 지정 취소되고 최종적으로 삼성물산, 현대종합상사, LG상사, 대우인터내셔널, 선경, 쌍용, 효성 등 7개 사가 지정됐다.

이 종합상사들은 국내에서는 저리로 수출금융 대출금을 타냈고 (당시 일반은행 금리 15~25%, 수출금융 금리 9~15%) 외국에서는 높은

수출실적으로 국내보다 더 싼 이자를 통한 대출을 받아냈으며 정부로부터 원자재와 시설재에 관한 세제 감면 혜택도 끌어냈다.(재벌들이 마구잡이로 외채를 끌어오다 보니, 외국에 갚아야 할 돈이 눈덩이처럼 불어나게 된다. 1977년에서 1979년 사이에 들여온 외채가 73억2,300만 달러였는데, 갚아야 할 원금은 43억4,560만 달러, 이자는 그 절반인 24억8,380만 달러나 됐다. 외채 망국론이라는 이야기가 나와도 할 말이 없게 된 것이다.)

이를 바탕으로 종합상사에 지정된 재벌들은 그간 하고 싶어도 자금이나 기술이 부족해서 못하던 사업에 마구잡이로 진출하기 시작했다. 이뿐인가? 각종 부실화한 기업들, 보험회사, 심지어 은행까지 인수·합병할 수 있었으니, 종합무역상사제도는 재벌들에게 '신의 은총'과도 같은 것이었다.

김우중의 대우인터내셔널은 1975년 종합상사 지정 때, 자본금이 10억 원이었는데, 8년 후인 83년에 자본금 750억 원, 자산규모 1조8,567억 원을 기록했다. 반면 중소기업은 몰락하고, 재벌 편익을 위해 노동자들 임금은 통제됐다.(1978년 말을 기준으로 11개 종합상사 그룹들이 거느린 기업군은 럭키 47, 대우 41, 삼성 38, 현대 33, 쌍용 20, 국제 24, 선경 27, 금호 19, 삼화 30, 한일합섬 8개 등, 모두 312개 업체에 달했다.

한국의 종합상사 그룹 기업 수는 일본 10대 종합상사가 거느린 계열 기업군 258개보다 훨씬 많았다.(《한국 현대사 산책 1970년대 편 2》) 1980년대에 들어서도 재벌들은 문어발 확장을 멈추지 않았다. 1980년 26개 재벌이 거느린 계열사가 631개였다.

재벌들은 업종 불문, 품목 불문, 돈이 된다고 하면 무조건 뛰어들고 봤다. 중동 특수가 생기면 건설업을 했고 여행업이 된다고 하면 여행사를 차렸으며, 레저산업이 된다면 전국에 골프장과 호텔을, 병원이 재미있다고 하면 앞다퉈 대형병원을 건설했다. 그러면서 자기들 계열회사에 일감을 몰아줬다.

이 사이 경쟁력 있던 중소기업들은 재벌 하청업체로 전락하거나 사라져 갔다. 그 회사에 다니던 근로자들도 일자리를 잃어야 했다. 더 심각한 것은 2000년대 들어서 중소기업군도 아닌 일반 서민들의 밥벌이인 골목상권까지 침범하고 나선 것이다. 슈퍼마켓사업에 뛰어든 것은 물론이요, 빵집, 커피숍, 심지어 식당업까지 발을 넓혔다.

CJ, 이랜드, 신세계 등이 전국에 내놓은 한식뷔페 수는 2015년 현재 82개 인데, 이들 때문에 서민들이 운영하는 일반식당들이 치명타를 입고 있다. 새 정치민주연합 백재현 의원이 한국외식업중앙회에서 받은 〈대기업 한식뷔페 출점에 따른 외식업 영향조사〉를 보면 서울·경기 지역에서 대기업 계열의 한 식뷔페가 개장한 이후, 주변 5km 이내 음식점의 52.2%, 1km 이상 5km 이내 음식점의 39.3%가 매출이 줄어들었다. 기업의 사회적 기여는커녕, 서민들 밥 벌이까지 자기들 뱃속으로 넣고 있는 것이다.)

저(低)

임금

1972년 8·3조치 이후, 정부는 노동자 임금이 물가상승으로 이어진다며 노사 관계에 적극적으로 개입해 노동자 임금을 지속해서 동결시켰다. 매해 물가는 계속해서 폭등했는데, 그 책임을 노동자에게 물어 노동자들 삶을 더 피폐하게 한 것이다. 1971년에서 1980년 사이 연평균 물가상승률이 16.5%였는데, 이런 고물가를 노동자들 임금 상승 억제로 막겠다는 논리였다.

1973년 경제기획원이 발표한 도시근로자 5인 가족 한 달 생계비는 4만5,000원이었다. 그러나 같은 해, 관리직을 포함한 전체 근로자 평균임금은 2만7,130원에 그쳤고 제조업으로 한정했을 때는 2만2,000원에 불과했다. 그러나 이도 '평균의 함정'이 도사리고 있음을 고려했을 때, 도시빈민 노동자들이 실제로 받는 임금은 턱없이 낮았을 것이다.(실제 당시 야당인 신민당에서 발표한 자료를 보면 숙련공이 아닌 견습공들은 남성 1만 원 이하, 여성은 5,000원 이하로 받고 있음을 알 수 있다.)

1974년에 한흥물산 사건이 터진다. 한흥물산은 자본금 2억9,700만 원에, 연간 760만 달러의 섬유 봉제품을 수출하는 회사로 종업원 870명, 1973년도의 순이익은 1억4,900만 원에 이르는 당시 꽤 잘나가는 회사였다. 그러나 노동청 조사에서 충격적인 실태가 드러났다.

1974년4월17일 (수요일) 【4】

低賃金改善에
行政力發動

適定下限線 설정앞서 2단계 조치

業種·業體 物價上昇

■ 백양표메리야스 제조업체인 한흥물산 대표를 입건했다는 경향신문 1974년 4월 15일 자 기사. 산업화 시기, 대한민국은 분명 수출로 먹고사는 국가였다. 국가정책도 '수출제일주의'였다. 한국의 수출경쟁력은 가격이었고, 값싼 제품으로 타국과 승부할 수 있게 만든 원동력은 단연코 노동자들의 저임금이었다. 노동자들의 저임금이 없었다면 지금의 재벌들이 어떻게 성장할 수 있었겠는가? 그러나 작금의 재벌들은 이를 망각하고 있다.

여공과 미성년 노동자들에게 하루 11시간씩 중노동을 시키면서 일당은 170원만 준 것이다. 한 달 내내, 단 하루도 쉬지 않고 일한다고 쳐도 한 달에 5,100원만 손에 떨어졌다. 여기다 식대 등 각종 공제비용을 포함해 실제로는 2,000원 안팎을 지급한 것으로 드러났다.

당시 5인 가족 생계비가 4만5,000원이었다는 점을 고려하면 실수령액 2,000원 정도는 도저히 생활이 불가능한 수준이다. 이뿐이 아니었다. 당연히 주어야 할 퇴직금을 주지 않는가 하면 야간수당 미지급, 연월차휴가 미시행 등 갖은 폭거로 노동자들을 괴롭혔다. 한데 이런 일들이 비단 한흥물산에서만 일어났겠는가? 구로공단에서 일하는 수많은 도시빈민 노동자, 재벌 하청업체 노동자, 대기업 비숙련 노동자들도 이와 유사한 착취를 당하며 신성한 노동의 대가를 재벌들 가랑이 사이로 바쳤다. 여기엔 물론, 국가 시책도 한몫했음은 두말할 나위도 없다.

박정희 정권은 노동관계법을 개악해 노조 설립 시 자유설립주의에서 신고주의로 바꾸고 1970년 1월 1일에는 '외국인투자기업의 노동조합 및 노동쟁의에 관한 임시특례법'을 제정 공포하며, 외국인 투자기업에서 노동조합 결성과 노동쟁의를 원천봉쇄했다.

이듬해엔 '국가보위에 관한 특별조치법', 1973년에는 노동조합법, 노동쟁의조정법 등을 개악하면서 재벌들이 저임금, 장시간 노동으로 노동자들을 내몰 수 있게끔 법으로 뒷받침해줬다. 이런 악순환 속에서 평화시장 재단사 출신의 전태일이 1970년 11월 13일 "근로기준법을 준수하라", "우리는 기계가 아니다", "일요일은 쉬게 하라"고 외치며 분신자살했다. 그는 아침 8시부터 밤 11시까지 하루 15시간의 중노동을 견뎌야 했다. 전태일이 박정희에게 보낸 편지 중 일부를 소개한다.

존경하시는 대통령 각하

옥체 안녕하시옵니까? 저는 서울특별시 성북구 쌍문동 208번지 2
통 5반에 거주하는 22살 된 청년입니다. 직업은 의류계통의 재단사
로서 5년의 경력을 가지고 있습니다.

저의 직장은 시내 동대문구 평화시장으로써 의류전문 계통으로썬
동양 최대를 자랑하는 것으로 종업원은 2만여 명이 됩니다. 큰 맘모
스 건물 4동에 분류되어 작업을 합니다. 그러나 기업주가 여러분인
것이 문제입니다만 한 공장에 평균 30여 명은 됩니다. 근로기준법에
해당이 되는 기업체임을 잘 압니다. 그러나 저희들은 근로기준법의
혜택을 조금도 못 받으며 더구나 2만여 명을 넘는 종업원의 90% 이
상이 평균 연령 18세의 여성입니다.

기준법이 없다고 하더라도 인간으로써 어떻게 여자에게 하루 15시
간의 작업을 강요합니까? 미싱사의 노동이라면 모든 노동 중에서
제일 힘든(정신적으로, 육체적으로) 노동으로 여성들은 견뎌내지 못합니
다. 또한 2만여 명 중 40%를 차지하는 시다공들은 평균연령 15세의
어린이들로써 육체적으로 정신적으로 성장기에 있는 이들은 회복
할 수 없는 결정적이고 치명적인 타격인 것을 부인할 수 없습니다.
전부가 다 영세민의 자녀들로써 굶주림과 어려운 현실을 이기려고
하루에 90원 내지 100원의 급료를 받으며 하루 16시간의 작업을 합
니다.

사회는 이 착하고 깨끗한 동심에게 너무나 모질고 메마른 면만을 보

■ 전태일 열사

입니다. 저는 여기에서 각하게 간구하지 않을 수 없습니다.

저 착하디착하고 깨끗한 동심들을 좀 더 상하기 전에 보호하십시오. 근로기준법에선 동심들의 보호를 성문화하였지만 왜 지키지를 못합니까? 발전도상국에 있는 국가들의 공통된 형태이겠지만 이 동심들이 자라면 사회는 과연 어떻게 되겠습니까? 근로기준법이란 우리나라의 법인 것을 잘 압니다. 우리들의 현실에 적당하게 만든 것이 곧 우리 법입니다.

잘 맞지 않을 때에는 맞게 입히려고 노력을 하여야 옳은 것으로 생각합니다. 그러나 현 기업주들은 어떠합니까? 마치 무슨 사치한 사치품인 양, 종업원들에겐 가까이 하여서는 안 된다는 식입니다.

저는 피 끓는 청년으로써 이런 현실에 종사하는 재단사로써 도저히 참혹한 현실을 정신적으로 받아들이지 못합니다. 저의 좁은 생각 끝에 이런 사실을 고치기 위하여 보호기관인 노동청과 시청 내에 있는 근로감독관을 찾아가 구두로써 감독을 요구했습니다. 노동청에서 실태조사도 왔었습니다만 아무런 대책이 없습니다.

1개월에 첫 주와 삼 주 2일을 쉽니다. 이런 휴식으로썬 아무리 강철 같은 육체라도 곧 쇠퇴해 버립니다. 일반 공무원의 평균 근무시간 일주 45시간에 비해 15세의 어린 시다공들은 일주 98시간의 고된 작업에 시달립니다. 또한 평균 20세의 숙련 여공들은 6년 전후의 경력자로써 대부분이 햇빛을 보지 못한 안질과 신경통, 신경성 위장병 환자입니다. 호흡기관 장애로 또는 폐결핵으로 많은 숙련 여공들은 생활의 보람을 못 느끼는 것입니다. 응당 기준법에 의하여 기업주는 건강진단을 시켜야 함에도 불구하고 법을 기만합니다. 한 공장의 30여 명 직공 중에서 겨우 2명이나 3명 정도를 평화시장주식회사가 지정하는 병원에서 형식상의 진단을 마칩니다. X레이 촬영 시에는 필름도 없는 촬영을 하며 아무런 사후 지시나 대책이 없습니다. 1인당 3백 원의 진단료를 기업주가 부담하기 때문입니까? 아니면 전부가 건강하기 때문입니까? 나라의 경제 발전을 위해서는 어쩔 수 없는 실태입니까?

하루속히 신체적으로 정신적으로 약한 여공들을 보호하십시오. 최소한 당사들의 건강에 영향을 끼치지 않는 정도로 만족할 순진한 동심들입니다. 각하께선 국부이십니다. 곧 저희들의 아버님이십니다. 소자된 도리로써 아픈 곳을 알려 드립니다. 소자의 아픈 곳을 고쳐 주십시오. 아픈 곳을 알리지도 않고 아버님을 원망한다면 도리에 틀린 일입니다.

저희들의 요구는 1일 14시간의 작업시간을 단축하십시오. 1개월 휴일 2일을 일요일마다 휴일로 쉬기를 희망합니다. 건강진단을 정확하게 하여 주십시오. 시다공의 수당 현 70원 내지 100원을 50% 이상 인상하십시오. 절대로 무리한 요구가 아님을 맹세합니다. 인간으로서의 최소한의 요구입니다. 기업주 측에서도 충분히 지킬 수 있는 사항입니다

저임금과 불평등 구조가 확대되면서 커지는 빈부 격차, 재벌들 특혜로 말미암은 중소기업과 대기업 간 소득 불균형, 재벌들 밀어

주기로 벌어지는 각종 악법 양산, 국가의 전폭적 지원을 바탕으로
한 재벌들의 묻지마식 문어발 확장, 수출에 의존하는 비정상적 경
제정책, 외채에 의존한 재벌들로 인한 대외종속성 등······. 대한민
국호는 1990년 후반에 IMF 환란의 직격탄을 맞을 수밖에 없었다.
그러나 그렇게 쓰러진 기업들을 공적자금이라는 미명하에 국민 세
금으로 쏟아 부어 다시 살려 놓았다.

재벌의
성장 II

전두환 정권이 벌인 부실기업 정리 재벌들 몸집을 더 불려준 산업합리화 조치, 전두환에 밉보인

국제그룹의 공중분해 **김철호의 명성그룹은 한화그룹으로** 괘씸죄에 걸려 해체된 한국 최초의 레

저 그룹 명성 그리고 거저먹은 한화 **정경유착과 정치자금** 청와대 박정희 집무실 비밀 금고의 실체

정경유착으로 재벌 반열에 오른 SK SK에너지의 전신인 유공, 걸프 사의 유공 주식 50%를 인수

해 단숨에 재벌에 오른 SK, 그리고 그 뒤에 노태우의 작업

전두환 정권이 벌인

부실기업 정리

전두환 정권은 1980년대 산업합리화 조치를 발표하면서

재벌들 몸집을 이전보다 더 불려 주었다. 이때 78개에 달했던 부실기업 중 57개 기업이 제삼자에 넘어갔다.

산업합리화 시책으로 몸집을 더 단단하게 만든 재벌은 삼성, 현대, 대우, SK, LG, 롯데였고, 다른 기업을 쉽게 인수하며 혜택을 받은 기업은 한일합섬, 동국제강, 한진, 대림, 우성건설, 한화 등이었다. 정부는 이들에게 장기 저리 융자, 부채 탕감, 조세 감면 등 이중 혜택까지 안겨줬다.(산업합리화란 정부에서 기업이 취급할 품목까지 정해준 조처다. 가령 설비는 대우, 자동차는 현대, 기아는 승용차 말고 상용차만, 삼성은 반도체, 중공업은 삼성·현대·대우…. 이 시책은 시장경제를 철저히 무시한 발상이었다.)

1985년 2월, 전두환 정권은 '부실기업 정리'라는 명목으로 재계 서열 7위, 수출실적 8억 달러 이상, 매출액 2조, 계열사 23개, 종업원 숫자만 4만5,000에 이르는 대그룹 '국제'를 하루아침에 공중분해 시켜버렸다.

국제그룹이 해체된 주요 이유는 오너인 양정모가 전두환에게 호의적이지 않고 정치자금도 내놓지 않아 전두환 심기를 불편하게 했기 때문이었다. 다음은 13대 국회에서 있었던 5공 비리 청문회에 증인으로 출석한 양정모의 증언.

양정모   전 전(前) 대통령이 술이 좀 든 기분으로서 "내가 기업을 도와가지고 키워주려고 하면 키워 줄 수 있고 내가 죽일라 하면 죽일 수 있는 그런 힘을 내가 가지고 있소." 나만 들은 것이 아니라 우리나라 10대 재벌이 다 앉은 자리에서 바로 그 이야기를 했는데 다 듣고 가슴이 섬뜩할 정도로 느껴졌는데 지금 지나보니 그게 바로 내 말이라요. 그날 저녁에 이야기한 것이…….

김봉욱 의원   그것을 그때 못 생각했었어요?

양정모   나는 설마 죽인다는 말을 하는가……. 날 보고만 하는 것이 아니고 앞으로 그럴 수도 있다 하는 말인가 생각을 하고…….

김봉욱 의원   그때 100억만 갖다 주었으면 문제가 없었습니다. 그런데 그것을 안 갖다 줘가지고서……. 그다음에 또 한 번 묻겠습니다. 혹시 전경련회의에서는 말이에요. 원로 순서 나이 먹은 순서대로 좌석배

열을 했다고 하는데 청와대 만찬장에서는 어떻습니까? 돈 많이 낸 사람, 헌금 순서대로 좌석배열을 했습니까?

양정모   그럴 때도 있고 그렇게 안 할 때도 있고 그렇습니다.

정치자금 많이 갖다 바치면 혜택 주고 그렇지 않거나 권력자 맘에 들지 않으면 그 기업은 바로 철퇴를 맞았다. 이렇게 공중분해 된 국제그룹 계열사 대부분을 손에 넣은 곳이 전두환에게 호의적이던 동국제강과 한일그룹이었다.

■ 국제그룹 양정모 회장.

한일은 국제상사에서 주력이던 신발, 무역, 제주 하얏트호텔, 부산 해운대호텔, 원효개발, 연합물산에 이어 국제 용산 본사까지 손에 넣었다. 당시 한일 전체 자산 규모가 6,300억 원이었던 데 반해, 인수한 국제 계열사 값어치가 자그마치 4,500억 원 정도였으니 한일이 어떤 특혜를 받았는지 짐작할 수 있다.

한일합섬은 5공 정권 초반에 30대 그룹이었으나, 정권 물밑 작업으로 5공 말기에는 20대 그룹으로 성장했다. 정부는 국제를 인수한 한일에 세금을 깎아주고 부채를 탕감해주었으며 파격 조건으로

신규대출을 알선하는 등 온갖 혜택을 주었다.

이에 화답하듯이 한일그룹은 대기업 중 가장 많은 헌금을 내 전두환을 기쁘게 했다. 일례로 한일 김중원은 1983년 7월부터 1985년 7월까지 2년 동안, 세 차례에 걸쳐 총 150억 원을 전두환에게 뇌물로 건넸다.

국제그룹 노른자 계열사인 연합철강은 동국제강이 가져갔다. 부산일보 보도로는 당시 기준으로 연합철강 부채비율이 361%(동국제강은 581%) 수준으로 동국보다 우량기업이었고, 회사 규모 역시 연간 매출액 기준으로 동국제강의 1.4배에 이르렀다. 새우가 고래를 잡아먹은 형국이었다.

1984년에 있었던 청와대 만찬장에서 30대 그룹에 끼지도 못하는 동국제강 장상태가 전두환 바로 옆에 앉았고 전두환은 그를 가리켜 "장 회장은 회사도 조그마한데 성금을 30억이나 내셨습니다. 참 훌륭한 기업인이라고 생각하고 있습니다"라며 상대적으로 회사규모도 크면서 동국과 비교해서 성금을 10분의 1만(3억 원) 낸 국제그룹 양정모를 비웃었다는 일화가 있다. 왜 동국이 연합철강을 가져갔는지 단편적으로 보여주는 사례다.

동국제강 장상태는 1984년 10월부터 1986년 5월까지 세 차례에 걸쳐 총 60억 원을 전두환에게 안겨 주었다. 또한, 동국은 연합철강을 인수한 그해, 15억 원을 다시 전두환에게 건넸다.(전두환 정부는 부실기업을 정리한다는 명목으로 1985년 5월에서 1987년 연말까지 새로 기업을 인수한 재벌들에게 대출원금 9,863억 원을 탕감해주고 기업개선자금 4,608억 원을 제공했으며 이자 감면과 유예 대출원금에 4조1,497억 원을 썼고 1조614억 원에 이르는 대출원금 상환유예라는 금융 특혜를 안겼다. 2,414억 원의 조세감면은 덤이었다.《박정희 시대 재벌육성정책의 공과》 장상환 저)

김철호의 명성그룹은

한화그룹으로

1983년 8월 1일 자

각종 일간지에 명성그룹 김철호가 당국 세무조사에 항의하는 광고가 일제히 실렸다. "강호제현께 알리는 말씀"이라는 제목으로 시작하는 광고 내용을 요약하면 다음과 같다.

아시는 바와 같이 저희 명성그룹은 작년에 이어 거듭되는 세무정밀 조사를 45여 일 동안 치르고 있습니다. 평소 본인은 우리 사회의 풍토를 잘 알고 있습니다만, 정의사회 구현과 선진조국 창조의 굳은 의지가 담긴 제5공화국의 새로운 시대의 오늘에 있어 실로 황당무계하고 사실무근인 유언비어가 일부 몰지각한 자들에 의하여 허무

■ 비운의 경제인 김철호. 그의 선견지명의 과실은 한화그룹이 모두 가지고 갔다.

맹랑하게 날조됨으로써 한 기업이 이렇듯 의욕과 용기와 기업 이상
까지도 무참히 짓밟힘을 당해야 되는 오늘의 현실을 2000여 임직
원 모두는 통탄하지 않을 수 없는 심정임을 솔직히 온 국민 앞에 호
소하는 바입니다.

사람들이 부러워할 만한 아름다운 관광 휴양지를 우리의 명산 설악
산 기슭에 이룩해 놓았습니다. 이는 현재 강원도민의 희망이요, 보
람이며, 속초시민에게는 알찬 일터로서 커다란 공장이 들어서는 몇
배 이상으로 지역의 특성에 맞는 그 지역민의 생업장이 됐습니다.

본인은 1968년 3월 3일, 기업에 투신한 이래, 천신만고의 시련 속에
서 중소기업에서 한 그룹의 회장으로 발전하게 됐으나 결코 이에 대
한 만족은 단 한 번도 느껴보지 못했습니다. 일부 몰지각하고 무책

임한 자들로 인하여 이토록 79년 이래 명성만이 당하는 고통과 이로 인해 기업이 당하는 불이익은 과연 누가 보상해 줄 것인가를 생각할 때, 명성인 모두와 함께 고통과 억울함을 온 국민 앞에 호소하는 바입니다.

그러나 본인은 단 한 번의 경로사상 선양을 위한 자선 서예전 이후, 오비이락 격으로 본인에게 와 닿은 유언비어에 대한 책임과 이로 인한 사회적 물의에 대하여 도의적 책임을 통감하고 이에 대한 다소나마 사죄드리는 충정에서 본인이 맡고 있는 모든 공직을 자퇴하오며 또한 시대가 요구하고 정부방침에 부응하는 기업가의 적극적인 자세로써 20개 기업군을 10개 군으로 통폐합하고 내실에 내실을 기하여 오직 기업가로서 그 책임과 소명을 다하여 국가경제발전에 미력이나마 헌신코자 하옵니다.

1983년 7월 31일

• 명성그룹 회장 김철호

명성그룹은 1982년 5월에 세무조사를 받고 17억 원에 이르는 세금을 부과받았는데, 국세청은 해를 바꿔 1983년 6월 15일에 다시 세무조사를 벌였고, 7월 5일부터는 정예조사요원 50여 명을 투입해 명성그룹 전반을 다시 들여다보기 시작했다.

국세청이 2년 동안 한 그룹을 집중적으로 파는 일은 이례적이었다. 김철호는 이에 항의해 전격적으로 일간지에 광고를 실었고 이는 더 큰 파문을 일으켰다.

당시 국세청장은 5공 핵심인사 안무혁으로(육사 14기, 안기부장 역임) 그는 김철호가 신문에 넣은 광고를 정부에 대한 선전포고로 여기고 이례적으로 '세무조사 중간발표'를 하며 조사 인원을 50명에서 100명으로 늘리면서까지 더 강력하게 김철호를 몰아 세웠다.

일간지 광고를 내고 얼마 안 돼 김철호는 결국 전격 구속되고, 그 회사는 국제그룹처럼 공중분해 됐다. 한국 최초 레저산업이라는, 명성이 쌓아 올린 브랜드와 자산은 한화그룹이 헐값에 챙겨 갔고 명성콘도미니엄들은 지금 모두 한화콘도로 바뀌어 있다.

명성 사건을 알아보기 전에 당시 재계에 혜성과 같이 등장한 김철호를 먼저 알아보도록 하자. 윤광원은 그의 책《머니임팩트》에서 김철호를 다음과 같이 설명했다.

1938년 전북 임실에서 태어나 전주공고, 한양대 공대를 졸업하고 호남비료에서 사회생활을 시작했다. 입사 2년 만에 안전과장이 되는 등 고속 승진 가도를 달렸다.

그가 사업과 처음 인연을 맺은 것은 1966년 금강운수라는 택시회사를 차리면서부터다. 그는 당시 신진자동차가 생산하던 '코로나' 승용차를 샀는데, 당시는 어지간한 업자도 코로나 택시 1대를 확보하기 어렵던 때였다. 김철호는 김제원 신진자동차 회장 집에 매일 아침 찾아가 기다리다가, 출근하는 김 회장에게 매달리는 열정을 보였다.

운수업으로 사업에 재미를 붙인 김철호는 서울로 상경, 퇴계로 동양빌딩에 금강개발을 설립하고 건설업에 진출했다. 그러나 1969년 자동차사업 면허가 개방되면서 독점기업이던 신진자동차 외에 현대자동차, 기아자동차, 아세아자동차가 만든 승용차들이 쏟아져 나오자, 코로나 판매중개에 상당 부분 의존하던 금강운수가 도산하고 말았다. 또 그가 서울에서 벌인 다른 사업들도 다 실패, 한때 빚쟁이들을 피해 잠적하기도 했다.

그는 1971년 고향인 임실에서 무소속으로 국회의원선거에 출마했다가 낙선하기도 했으며, 호구지책으로 2년간 목재회사에서 월급쟁이 생활을 하기도 했다. 그러나 김철호는 오뚝이처럼 다시 일어났다.

그가 명성그룹을 일구게 된 직접적 계기는 1979년 4월 9일 명성관광이 상업은행 혜화동지점에 당좌예금 구좌를 개설한 것이다. 여기서 만난 사람이 바로 김동겸 대리다. 김철호는 김동겸에게 부도 직전의 명성관광 발행어음 교환자금 부족액에 대한 연장 결제를 부탁하면서, 각별한 친분을 쌓았다. 4월 말에는 자금부족으로 공사를 중단한 '예그린'의 건설자금 2억 원의 융통을 부탁하기도 했다. 김동겸은 사채중개인인 이명률에게서 사채예금을 끌어들여 가명으로 계좌를 개설하고 입금시킨 후, 김철호에게 그 자금을 융통해줬다.

김동겸이 조성한 사채지금을 활용해 김철호는 1979년 9월 경기도 오산에 있는 오성골프장을 19억1,300만 원에 인수한다. 오성골프장은 예비역 장성 5명이 일본 자본을 끌어들여 공사에 착수했으나,

일본기업의 철수로 자금난에 직면해 공사가 중단된 상태였다. 김철호는 오성골프장을 인수해 명성컨트리클럽으로 개명하고, 총 68억 원을 들여 36홀 65만 평 규모의 국제적 골프장으로 완성했다. 이 무렵부터 재계는 김철호를 예의주시하면서, 한편으로는 의구심을 갖기 시작한다.

이한구 수원대 교수는 "골프장 건설자금의 대부분은 김동겸으로부터 조성한 사채자금이었다. 김 대리는 불법인 수기통장(手記通帳)을 만드는 방법으로 자금을 조성하여 명성에 공급했다. 이로써 김철호는 우리나라 레저산업의 기수로 급부상한다"고 밝혔다.

확실한 자금원을 확보한 김철호는 의욕적으로 사업을 확장해 나간다. 그 결과 금강개발, 현대중건, 현대미건, 남태평양산업, 명성관광, 명성컨트리클럽, 명성콘도미니엄, 산(山)건축연구소, 남태평양레저타운, 스타월드, 명성엔지니어링, 명성종합특산농원, 명성올림픽레저타운 등 방대한 계열사들을 거느린, 국내 최초이자 최대의 관광레저전문그룹을 형성하게 됐다. 당시는 아직 콘도라는 개념도 생소하던 시절이다. 명성그룹이 설악산, 지리산 등 전국 명승지에 콘도를 집중적으로 건설하면서, 비로소 우리나라에 본격적인 레저문화가 정착됐다. 그러나 수기통장을 이용한 사채자금 조달이 발각되면서 김철호는 1983년 8월 17일 전격 구속되고 만다.

윤광원이 썼듯이 김철호는 전형적인 재벌코스를 밟아 온 사람이 아니다. 재계가 왜, 그를 의구심 어린 눈으로 봤겠는가? '우리는 보통 사람들과 태생 자체가 다른 신분적으로 우월한 존재인데, 어디 김철호 같은 인간이 갑자기 튀어나와 재벌행세를' 당시 재벌들 눈에는 김철호가 이렇게 비쳤으니 배알이 뒤틀릴 수밖에…….

김철호 본인도 "재계의 견제가 심했다."고 증언했다. 김철호가 침몰하고 있을 때, 그를 도와주는 재계 사람은 단 하나도 없었다.

끼리끼리 도와주는 패거리 문화가 조폭들보다도 더한 재벌사회에서 타 재벌이 무너지는 것을 눈뜬장님처럼 보고 있었던 예는 국제그룹과 명성그룹 사태밖에 없었다. 명성이 공중분해 된 원인은 신군부에 밉보였던 것이 가장 컸겠지만, 정권이 부당하게 기업을 죽이는 데 대해 재벌들의 먼 산 바라보기식 태도와 김철호 개인에 대한 '불호(不好)'도 한 원인이었다.

그럼, 신군부는 왜 김철호와 명성을 공중분해 시켰나? 당시 세간에 떠돌던 소문은 "김철호가 전두환 장인인 이규동에게 의도적으로 접근해 회사를 키웠다." 혹은 "명성은 통일교 자금으로 만들어진 회사다." 또, "김철호는 상업은행의 김동겸을 속이고 이용한 철저한 사기꾼이다." 같은 것들이었다. 이런 소문이 떠돌던 회사이므로 정의구현 그리고 부실기업 처리 차원에서 전두환은 명성을 해체할 명분을 얻었다. 그렇다면 진실도 그러할까?

전두환을 대통령으로 만들어 준 은인이 장인 이규동이라고 해도 과언이 아닌데, 숱한 비리를 저지른 전두환 일당이 장인이 기업인과 가까이 지낸다고 그 기업을 하루아침에 날린다? 언뜻 이해가 가지 않는다. 이에 관해 명성그룹을 내막까지 상세히 취재한 인터

넷 논객 독고탁은 그 진실을 다음과 같이 밝혔다.

이규동 측에서 사람을 넣어 명성그룹과 이규동을 연결하였고 이후 이규동

은 명성컨트리클럽을 자주 왕래하며 친분을 쌓는다. 그러던 어느 날 이규

동은 김 회장에게 제안을 한다. 자신 소유의 땅 25만 평을 명성에서 고가

로 매입해 주거나 아니면 그 땅에 명성컨트리 같은 골프장을 만들어 달라

는 요청이었다.

김 회장은 골프장 개발 전문 인력을 투입하여 그 부동산을 조사한 결과

골프장이 들어서기에 적합하지 않다는 결론이 나와 그것을 설명해주며 아

울러 25만 평을 당장 고가로 매입할 수 있는 여건이 되지 않는다는 점을

완곡하게 이해시키며 결국 거절하는 결과가 됐는데 이게 '괘씸죄 1호'에

해당한다.

독고탁은 김철호가 이규동을 이용한 것이 아니라 이규동이 제

토지를 고가로 매매하려고 김철호를 찾았던 것이고 김철호가 이를

거절하자, 괘씸죄를 적용해 명성을 날렸다고 주장한다.

앞서 언급한 김철호의 신문광고에 나오는 한 대목인 "그러나

본인은 단 한 번의 경로사상 선양을 위한 자선 서예전 이후, 오비

이락 격으로 본인에게 와 닿은 유언비어에 대한 책임과 이로 인한

사회적 물의에 대하여 도의적 책임을 통감하고 이에 대한 다소나

마 사죄드리는 충정에서 본인이 맡고 있는 모든 공직을 자퇴하오

며……."가 바로 이규동과 관계된 소문을 말하는 것이다.

김철호는 1981년 12월, 롯데호텔에서 '경로사상 선양을 위한 청산(靑山. 김철호의 호가 청산이다) 서예전'을 열어 그 이익금인 1억 2,000만 원 중, 1억 원을 대한노인회에 전달했는데, 그 회장이 바로 전두환의 장인 이규동이었다. 이런 사실을 바탕으로 "김철호는 이규동이라는 뒷빽을 갖고 있다"는 소문이 그럴싸하게 퍼졌던 것이다. 어쨌든 독고탁은 이것이 괘씸죄 1호라고 했다. 그럼, 괘씸죄 2호는 무엇인가?

> 쿠데타 세력의 막강한 파워와 시퍼런 칼날이 난무하던 시절 이름 석 자 대면 누구나 아는(충견으로 소문난) 사람이 김 회장을 찾아와 '정치후원자금'을 요청한다. 50억⋯⋯. 그 자리에서 김 회장은 50억이든 100억이든 줄 테니 회계처리 할 수 있도록 영수증을 달라고 요청한다. 며칠 뒤, 높은 곳에서 전화가 왔다. 없던 일로 하자고. 이게 '괘씸죄 2호'에 해당한다.

이와 관련해 김철호도 1989년 '5공 부실기업 청문회'에 증인으로 출석해 "세무 사찰을 한 안무혁 국세청장 배후에는 이학봉 청와대 민정수석 비서관이 있었다."며 독고탁의 주장을 뒷받침했다.

당시 떠돌던 소문 중 하나인 "명성 자금의 배후엔 통일교가 있다"는 사실이 아닌 것으로 확인됐고, 또 다른 소문인 "김철호는 상업은행의 김동겸을 속이고 이용한 철저한 사기꾼이다."라는 내용의 진위를 확인해 보자.

국세청은 명성관광 대표 신명진(김철호의 처)이 상업은행 혜화동

지점에서 1979년 4월 7일 개설한 계좌의 거래량이 초기에는 미미하다 갑자기 커진 것과 이 지점 김동겸 대리의 부인 심학자가 명성관광과 남태평양레저타운 주주이자 감사로 임명된 점을 수상히 여기고 정밀조사를 했다.

결국, 김동겸은 국세청 조사요원에게 수기통장(手記通帳) 발행 방법으로 자신이 몸담고 있던 상업은행을 통해 많은 자금을 명성에 빌려준 사실을 시인했고 그 금액이 1,066억 원에 달하는 것으로 밝혀졌다.(1,066억 중. 원금은 512억. 이자가 554억) 즉, 김동겸은 은행에 또 다른 은행을 설립하고 윗선에 보고 없이 고객 돈으로 명성을 상대로 사채놀이를 했던 것이다. 이 문제가 과연 1조 원이 넘는 자산을 가지고 있던 명성을 공중분해 시킬 만큼 잘못된 행동이었을까? 이 문제에 관해 독고탁은 다음과 같이 설명했다.

당시 명성은 양평 올림픽레저타운 590만 평, 설악레저타운 110만 평, 용인 컨트리클럽 70만 평 등 제주에서 설악에 이르기까지 관광명소 15군데와 장차 해양관광시대를 겨냥해 동해안 화진포, 속초, 울릉도, 남해 한려수도, 부산 수영만, 통영, 여수, 거문도, 흑일도, 서해 무창포, 천리포, 남양 등 10여 개 지역의 관광레저타운 부지 2,000여만 평에 달하는 부동산을 보유하고 있었다.

국세청에서 장기간에 걸친 대대적인 세무사찰 결과 명성보유 부동산의 미래가치만 공인해 준 결과가 됐고 결국 '세금 탈루 추징금 17억 원 징수 처벌'로 결론짓게 되는데 이게 1차 세무사찰이었다. 이후

1년에 걸쳐 안기부와 보안대 요원들의 감시와 공작이 이어지고 제1 금융권과의 거래가 힘들어지자 자사 보유부동산을 담보로 제2금융 권이나 사채에 의존할 수밖에 없게 된다.

상업은행 혜화동 지점 거래의 진실

이 부분에 대해서는 1993년 12월 경제정의실천시민연합과 부정부 패추방 운동본부에서 공동으로 조사한 '명성 사건 조사 보고서'에 상세히 기록되어 있는바, 명성 사건이 권력에 의해 부당하게 처리됐 음을 잘 지적해 주고 있다.

국세청의 조사결과 발표에서 사채가 김철호 '개인구좌'로 입금이 됐다며 개인을 과세대상자로 지목했으나 시민연합에서 조사한 바 에 따르면 사채자금이 수수된 은행계좌는 명성그룹 산하 각 법인 사의 은행 거래구좌가 확실하다는 점과 그 구좌를 통하여 산하 그 룹들의 수익금과 거래대금이 입출금되는 정상 거래 구좌임을 밝혀 주고 있는 것이다. 즉, 법인구좌를 통해 입금됐다는 점과 사채에 대 하여 법인의 부동산을 담보로 하여 조달했다는 점에서 하자가 있을 수 없다는 점을 말하고 있으며, 당시 국세청에서는 '사채자금이 입 금됐다'는 사실만으로 엄연한 법인계좌를 김철호 개인 구좌로 명목 을 탈바꿈시켜 언론에 발표한 것은 명백한 허위임을 지적해주고 있 는 것이다. 즉, 자연인과 법인을 구분하지 못하고 혼동한다는 것은 근본적으로 '은행 구좌'에 대한 기본상식조차도 왜곡시키는 것이며, 법인 구좌와 개인 구좌를 혼동하는 것은 자연인과 법인격을 구분하

는 기본적인 체계를 무시하는 처사라는 점을 보고서에서 명시하고
있다.

따라서 '법인체의 대표이사'가 '법인체의 구좌'에서 '법인체에 소요
될 자금'을 출금하는 행위가 어째서 '횡령'이 되느냐고 보고서에서는
의문을 제기하는데 지금 누가 봐도 상식적으로 이해할 수 없는 일이
당시에는 만연하고 있었으니 참으로 질곡의 시절이었던 셈이다.

두 번째로, 경제정의실천시민연합의 보고서는 사채조달을 위해 제
공된 담보가 모두 명성그룹산하 각 법인 기업체의 부동산이나 자산
이었음을 명시하고 있다. 법인이 자금조달의 주체가 되어 법인 보유
의 자산을 담보로 법인 계좌로 입금을 받았는데 문제 될 것이 무엇
인가 하며 의문을 제기하는 것이다. 만약 개인 명의로 개인자금을
조달하면서 법인의 자산을 담보로 제공했다면 형사처벌이 되겠지
만, 그것이 아니기에 개인이 아닌 법인이 법인의 자산을 통해 변제
수단이 되어야 한다는 '웃기게도 상식적인' 지적을 하는 것이다.

독고탁은 "상업은행 김동겸이 은행 내 또 다른 은행을 만들어
놓고 사채놀이를 한 것은 김동겸 개인의 잘못이지, 이것이 명성을
공중분해 시킬 명분은 없다."고 주장한다. 그리고 여러 경제전문가
도 이에 관해 같은 의견으로 증언했다. 김철호 회장도 이와 같은 주
장을 지금까지 펼치고 있다.

실제 1987년 7월에 있었던 명성 사건 대법원 민사판결에서도
"명성이 상업은행을 통해 쓴 자금은 예금이 아니라 사채"라는 판결

을 내렸다. 대법원 판결대로라면 김철호가 형사재판에서 받은 횡령 혐의는 무죄가 되는 것이다. 이처럼 명성 사건에서는 기업이 자금을 융통할 목적으로 사채를 쓴 것이 과연 한 그룹을 공중분해 시킬 만한 잘못일 수 있느냐는 근본적인 물음이 따라올 수밖에 없다.

명성 사건은 권력의 의지로 한 기업을 공중분해 시키고 그 분해된 기업의 모든 자산을 다른 기업이 특혜로 받아 그 대가로 정치자금을 권력자에게 건넨 대표적인 정경유착 사건이다. 실제로 명성을 헐값에 넘겨받은 한화는 명성 인수 전에 명성의 주력사업인 레저, 여가 사업을 한 번도 해본 적 없는 문외한이었다.

명성이 공중분해 된 원인과 과정은 전혀 이해할 수 없는데 하물며 한화가 이를 인수하는 과정은 더더욱 상식을 벗어났다.

1989년 3월 11일, 13대 국회, 권력형비리조사특별위원회 부실기업조사 2차 위원회에서 기록된 내용을 보자.

민주당 김동주 위원　　한국화약이 명성그룹을 인수하면서 결과적으로 돈 20억 원을 계약금으로 내고 대출은 김철호 씨 소유 명성 재산을 담보로 얼마를 받았습니까?
한국상업은행 서무부장 김일덕　　명성 물건을 담보하고 인수 성사의 보증으로 300억이 대출되어 있습니다.
김동주　　그러니까 결국 한국화약이 김철호 씨 재산을 담보로 300억 원을 이용하고 있다고 봐도 되겠네요.
김일덕　　그 대출한 돈은 한국화약이 쓰는 돈은 아니고 명성그룹의 시설 및 운용자금에만 쓰고 있습니다.

김동주   그러니까 그 돈을 한국화약이 가져가서 자기가 쓴 것이 아니라 결국 돈 20억 내놓고 자기회사의 공신력과 담보를 가지고 움직이고 있다는 결론 아닙니까?

김일덕   예.

김동주   제가 교도소에 가서 김철호 씨를 만나고 왔는데 그 사람 주장은 자기가 일시불로 갚겠다는 것입니다. 법정관리인만 바뀌면 바로 돌릴 수 있지요? 한국화약이 이런 사업해 본 경험이 있습니까? 내 말은 경제 질서를 혼란시키고 위반한 것에 대해서는 징역을 살아야 되고 도의적인 책임을 져야 되지만 정치적인 재판에 의해서 15년 징역을 받고 있는데 법정관리면 은행도 돈을 늦게 받게 됩니다. 그러면 은행 돈 빨리 갚으면 법정 관리인이 언제든지 꾸어줄 수 있지 않습니까?

김일덕   그 문제는 일단 저희 은행하고 한국화약 측하고의 인수에 관한 본 계약이 체결된 상태에 있습니다.

김동주   얼마에 팔았습니까?

김일덕   1,147억 원으로 부채를 인수해 주는 조건으로 본 계약이 체결됐습니다. 그래서 그 본 계약을 파기하기 전에는 그것은 어렵지 않나 생각됩니다.

김동주   남의 재산 가지고 은행에서 팔아먹습니까? 물론 법원의 판결을 받았다고 하지만 법정관리면 법정관리가 정상화됐을 때, 원래 소유자에게 돌려주는 것이 법정관리의 입법 취지 아닙니까? 이것을 법도 없이 마음대로 합니까? 지금 엄청나게 상업은행이 실수했습니다.

왜 은행이 이런 짓을 합니까? 김철호 씨가 지금이라도 1,147억에 대해서 한국화약보다도 더 좋은 조건으로 상환할 계획이 있으면 바꾸어 주어야 되지 않겠습니까? 남의 담보 가지고 남의 돈 내서 자기 회사를 운영하고 부동산은 열 배 이상 오르고 이래서야 되겠습니까? 잘한 일입니까?

5일 뒤 청문회에서는 김철호가 직접 증언대에 섰다. 1989년 3월 16일, 13대 국회, 권력형비리조사특별위원회 부실기업정리 관련 비리조사 청문회 장면이다.

평민당 최낙도 위원　　상업은행하고 한국화약하고 회사인수계약을 할 때, 실사를 하지 않았습니까? 그런데 상업은행 측에서는 자산을 2,026억으로 보았고 부채를 1,897억으로 보아서 자산이 부채보다 129억이 더 많은 것으로 평가를 했고 한국화약은 자산이 1,211억, 부채가 3,516억 원으로 보아서 2,305억이 오히려 부채가 더 많은 것으로 평가를 했습니다. 알고 계십니까?

김철호　　알고 있습니다.

최낙도　　그러니까 실제로는 명성에서는 부채가 612억이 아니라 오히려 자산은 조그맣게 평가를 하고 부채는 더 많은 것으로 과대계산을 해 가지고 숫자를 맞추어서 결국은 현재 시가보다 훨씬 비싼 것을 한국화약 쪽에서 싸게 평가해서 가져갔다 이렇게 주장하십니까?

김철호　　토지평가에 대해서 조금 말씀을 드리자면 우리 36홀이 있는

64만 평 되는 용인 골프장을 얼마로 평가를 했는가 하면 평당 2,400원으로 평가를 했습니다. 그리고 팔공산 그러니까 대구 근처에 있는 팔공산 일대 49만 평짜리를 7원에 평가를 했습니다. 그리고 남양만…….

화성군 성원리에 있는 35만 평 되는 것을 저희가 살 때 가격의 4분의 1, 500원에 평가를 했는데 아마 거기는 80억 정도 더 상회하리라고 생각되고 양평에 약 310만 평 되는 우리 올림픽레저타운을 건설하려고 했던 부지, 거기를 이 사람들이 6,000원, 9,000원을 보았습니다. 그런데 이것은 우리가 샀던 가격의 절반 가격을 본 것이지요.

최낙도　그러니까 산 가격보다 낮게 평가했다 이 말입니까?

김철호　그러니까 평가하는 기준이 내무부 고시가격도 아니고 또 시가는 물론 아니고 감정가격도 아니고 좌우간 이해가 곤란한 그런 평가를 해가지고 그 사람들이 624억을 만들어 놓은 거지요.

최낙도　그런데 상업은행에서, 말하자면 김철호 증인의 주식을 담보 물건을 갖다가 주주권 행사를 했는데 그때, 명성을 팔려면 이것을 누가 사겠느냐? 돈을 얼마 내겠느냐고 경선에 의해서 인수업체를 선정해야 할 텐데, 상업은행이 전연 경선을 통하지 않고 한국화약하고 단 둘이 수의계약 해 버린 거지요?

김철호　터무니없는 평가를 하고 달려드는 한국화약을 만날 수 있었다는 것은 은행 생리로는 도저히 납득이 안 가는 것이지요.

■ 1970년대에 '설악권 콘도 관광시대'를 열었던 구(舊) 명성콘도(현재 설악 한화리조트), 레저산업의
경험도, 자산도 없던 한화는 김철호의 명성을 헐값에 인수하면서 한국 최대의 레저기업으로 발돋움
했는데, 이는 정부의 특혜와 밀어주기가 없었다면 불가능한 일이었다. 전국에 있는 한화의 레저시설
을 이용하는 관광객 중에, 원래 이 재산이 김철호의 명성 것이었다는 사실을 아는 사람들이 얼마나
될까? 세월은 그렇게 망각의 저편으로 흘러간다.

부동산 가치만 4,000억 원, 전 자산 시세는 1조 원이 넘었다는
명성은 그렇게 헐값에 한화로 넘어갔다. 한화는 단 20억 원의 계약
금을 걸고 명성 부채 1,127억 원을 8년 거치, 12년 분할상환이라는
파격 조건으로 인수해 간 것이다. 전국에 퍼져 있던 명성 콘도와 골
프장은 지금 금싸라기가 되어 한화 소유로 바뀌어 있다.

정경유착과

정치자금

한국 재벌은 정부로부터 온갖 혜택과 특혜를 받고
성공한 신화로 그려졌다. 받는 것이 있으면 주는 것도 있어야 하
는 게 삼척동자도 아는 세상 이치다. 이렇게 등장한 것이 정치권에
부도덕하게 지급된 정치자금이다.

태창그룹 백낙승은 이승만에게 정치자금을 준 대가로 고려방직
을 불하받고, 식산은행으로부터 500만 달러를 대출받을 수 있었다.
삼성그룹 이병철도 주기적으로 이승만에게 정치헌금을 상납했는
데, 그 대가로 상당한 원조액을 지원받았다. 럭키와 두산도 원조자
금을 지원받아 성장했다.

현대 정주영은 한국전쟁 이후, 정부로부터 발주공사를 도맡아

진행하면서 성장했는데, 현대상운은 소금, 식료품, 양곡 등을 독점 운반했다. 그 대가로 이승만과 이기붕에게 정치자금이 흘러갔음은 두말하면 입이 아프다. 반면, 여운형과 김구에게 줄을 댔던 이종만과 최창학은 조선 최고 부자 반열에서 쫄딱 망하고 지금은 그 형체도 찾아볼 수 없게 됐다.

3·15 부정선거를 앞두고는 거액이 재벌로부터 이승만 정부로 흘러들어 갔다. 삼성물산, 태창방직, 대한양회, 극동해운, 중앙산업, 동양시멘트, 삼호방직 등 재벌들이 총 21억 환을 자유당에 내놓았고 다른 기업인들 돈까지 합쳐 70억 환 정도가 됐다. 이렇게 모은 돈을 조직비에 20억, 경찰에 11억, 경상비에 15억, 민주당에서 전향한 자에게 3억 등을 써대며 부정선거를 획책했다.

3·15 부정선거는 권력욕에 눈이 먼 이승만과 이권과 특혜만 밝힌 재벌들이 만든 합작품이라 할 수 있다. 실제 4·19 혁명 이후, 민주당 정부가 밝힌 부정축재자 명단에는 삼성 이병철, 삼호 정재호, 대한양회 이정림, 대한전선 설경동, 동양시멘트 이양구, 극동해운 남궁련, 엘지 구인회, 태창 백남일, 동립산업 함창희, 중앙산업 조성철, 현대 정주영, 벽산 조정구, 극동 김용산, 대림 이석구, 삼양사 김상홍, 무학 최재형, 쌍용 김성곤 등 당시 모든 재벌 이름이 올라가 있었다. 이런 재벌들에 어떻게 기업의 사회적 기여니 노블레스 오블리주니 하는 기대를 걸겠는가? 쓰레기통에서 장미꽃이 피는 걸 기대하는 게 더 현실적일 것이다.

이런 이승만보다 더 적극적으로 정치자금을 모은 집단이 박정희 정권 일파다. 10·26 사태 이후, 합동수사본부장 전두환은 청와대 박정희 집무실 비밀 금고에서 총 9억여 원을 발견했는데, 이 중 1억 원은 합수부 수사비로, 5,000만 원은 노재현 국방부 장관에게, 2억 원은 정승화 계엄사령부에 줬으며, 남은 6억 원은 당시 영애 박근혜에게 주었다. 문제는 청와대 비밀 금고가 9억 원이 발견된 그 금고 하나뿐이었겠는가 하는 점이다. 이를 두고 새누리당 김무성 전 대표는 흥미 있는 증언을 한다.

내가 김영삼 전 대통령을 모시고 집권해 청와대에 가보니까 거짓말 안 보태고 이 방(당사 2층 강당)의 40% 정도 되는, 은행지점보다 더 큰 스테인리스 금고가 있었다. 전두환, 노태우 전 대통령이 현금을 쌓아놓으려고 그 금고를 만든 것이었다. 김영삼 전 대통령은 그걸 보고 '나쁜 놈', '도둑놈'이라며 '당장 처리하라'고 해서 8t 트럭 5대 분량이 실려 나갔다.

전두환이 빼낸, 돈이 든 금고 말고 또 다른 금고가 있었음을 방증하는 증언이다. 10·26 만찬 당시 현장에 있었던 박정희 대통령 마지막 비서실장 김계원이 한 증언도 이를 뒷받침한다.

어떤 때는 각하가 나를 불러 뭉칫돈을 주면서 어떻게 쓰라고 지시를 한 적도 있었으니 집무실 금고 같은데 돈이 보관돼 있었을 겁니다. 그런데 사건 당일 내가 대통령 집무실 문을 잠근 뒤, 근혜 양에게 열쇠를 주었는데, 어떻게 해서 합수부가 그 돈을 가져갔는지······.

박학봉 부속실장 증언도 같다.

그 일이 있고 나서 저희들은 집무실 열쇠와 금고 열쇠를 본관 경호원에게 맡겼습니다. 박 대통령은 별도로 금고와 서랍 열쇠를 갖고 계셨습니다. 따라서 10월 26일 이후 근혜 씨만이 대통령 집무실에 들어갈 수 있었던 것은 사실입니다.

중앙일보 1991년 5월 31일 자 기사. '박 대통령 집무실엔 비밀 금고가 2개', '통치 비용 연 60억' 기사에도 또 다른 금고가 있었다는 내용이 나온다.

그렇다면 또 다른 비밀 금고인 '금고1'의 행방은 어찌 됐을까. 10·26 밤 숨진 박 대통령 양복 주머니에서 집무실 금고 열쇠는 근혜 양에게 전달됐으며 근혜 양은 '금고1'의 내용물을 챙겼다 한다.
근혜 씨는 그 부분에 대해 여태껏 확실한 언급을 않고 있어 돈의 액수가 얼마나 됐는지는 알 길이 없다. 다만 박 대통령이 '금고1'에서 돈을 꺼내 '금고2'에 넣곤 했다는 증언에 비추어볼 때 적지 않은 비자금이 남아있었을 것이란 추측이 가능하다.
청와대 1층과 2층에 있던 두 개의 금고는 박정희 대통령의 정치자금에 관한 비밀스런 사연이 수표처럼 차곡차곡 쌓여 있던 곳이다.

이런 증언들을 종합해 보면 청와대에는 큰 금고와 작은 금고 등 비밀 금고가 두 개 있었고, 큰 금고에서 작은 금고로 수시로 돈을 옮겼다는 것을 알 수 있다. 작은 금고에서 9억 원이 나왔다면 큰 금고에선 어느 정도 돈이 있었는지, 가늠하기 쉽지 않다는 결론이 나온다. 박정희가 모은 그 수많은 정치자금은 도대체 어디로 갔단 말인가? 열쇠를 가져갔다던 박근혜만 알 것이다.

그렇다면 박정희는 재벌들로부터 어느 정도의 정치헌금을 받았을까? 최장수 비서실장을 역임했던 김정렴은 회고록에서 정치자금에 관해 다음과 같이 언급했다.

"각하, 그런데 1년에 정치자금이 얼마나 필요하십니까." 朴 대통령은 소상히 설명해주었다. "공화당 운영에 한 달에 1억 원은 필요하고, 유정회에도 한 달에 2천만~3천만 원은 듭니다. 추석과 연말에 이곳저곳 촌지를 주는데 10만~30만 원 정도씩이에요. 공무원이나 일선 장병을 시찰하면 격려금도 주어야 하고…. 1년에 30억~40억 원 필요할 것 같습니다."

나는 곧 이 중요한 작업에 착수했다. 청와대 신관 비서실에서 기업주를 만나 "정치자금은 민주주의의 필요악이다. 도와 달라"고 요청했다. 나는 "반대급부는 일절 없다"는 점을 빼놓지 않았다. 내가 부탁한 기업주 26명은 모두 기꺼이 승낙하고 협조를 약속했다. 나는 추석 무렵과 12월에, 비서실장실에서 그들을 개별적으로 만나 성금을 받고 바로 朴 대통령에게 전달했다. 朴 대통령은 즉석에서 봉투

위에 날짜, 기업체명, 금액을 기입했다.

성금은 최고 1억 원, 최하 1000만 원 범위 내에서 각 기업의 사정에 따라 자율적으로 정해달라고 부탁했다. 내가 부탁한 스물대여섯 기업주들은 모두 기꺼이 승낙하고 협조를 확약해 주었다.

앞서 언급한 중앙일보 1991년 5월 31일 자 보도에도 이와 비슷한 증언이 있다. 박정희 정권 시절 청와대 관계자는 "정기적인 모금은 추석과 연말 두 차례였지요. 대재벌 등 A급 기업은 연간 5~6억 원 정도 낸 걸로 알아요. 작은 곳은 2,000~5,000만 원 정도 내고요. 그래서 합쳐보면 연간 총액이 초기엔 20억 원, 나중엔 50~60억 원 정도였어요."

다시 말해, 1년에 추석과 연말 두 차례씩 정기적으로 정치자금을 헌납받아왔고, 그 규모는 최소 10억에서 최고 60억 정도 된다는 것이다. 재벌들로부터 정기적으로 이 정도 금액을 받았으니 부정기적으로 받은 금액과 합치면 박정희 비밀자금은 상상을 초월하는 액수가 될 것이다.

박정희가 쓴 용인술을 한마디로 표현하면 디바이드 앤드 룰(divide and rule) 즉, 분할통치다. 이 용인술은 이인자를 용납하지 않는 것뿐만 아니라 정치자금 모집에도 똑같이 적용됐다.

박정희는 김정렴 라인을 통한 정치자금 모금뿐 아니라, 4인 체제(특히 김성곤), 김형욱, 박종규, 이후락 라인을 통해서도 각각 정치자금을 모금했다. 이후락이 "떡을 만지면 떡고물이 묻을 수밖에 없다."는 희대의 명언을 하게 된 배경이다.

1980년 신군부가 조사한 이후락의 축재규모는 194억 원이었다.(1980년 당시, 서울의 집 한 챗값은 200만 원 정도였다.) 떡고물이 194억 원이었으면 떡은 얼마였단 말인가? 게다가 신군부가 조사한 194억 원에는 국외로 빼돌린 돈은 쏙 빠져 있었다. 다음은 문명자의 증언.

이후락이 모금한 자금은 대통령 개인 용도로 스위스은행 비밀구좌에 예치됐다. 이후락 외에 다른 측근들도 대통령에게 돈을 제공했다. 박정희는 그 돈의 일부를 청와대 대통령 집무실 책상 뒤의 금고에 보관했다.

박정희의 스위스은행 비밀구좌가 실제로 존재한다는 사실은 프레이저위원회가 찾아낸 은행 기록과 이동훈(이후락의 아들)의 청문회 증언, 청와대 고위 측근의 증언들에 의해 명백히 확인됐다. 이동훈은 프레이저청문회 증언에서 '스위스은행에 있는 돈을 비록 아버지(이후락)가 관리했지만, 그 돈은 아버지의 돈이 아니고 박 대통령이 사용하기 위한 정부 자금이었다'고 밝혔다. 또한 이동훈은 '나도 아버지의 일을 돕기 위해 일본 은행에 2백만 불을 예치했다'고 말했다.

전두환과 노태우는 박정희보다 더한 비자금을 조성했다. 아예 대놓고 재벌들에게 시쳇말로 '삥'을 뜯었다. "나한테 밉보이면 재계 서열 7위 그룹도 한순간에 공중분해 된다."는 위력을 선보인 전두환에게 재벌들은 앞다퉈 정치헌금을 바쳤고 그 대가로 젖과 꿀이 흐르는 땅을 선물 받았다. 친구인 전두환이 어떻게 재벌들에게 부정한 돈을 받는지 옆에서 지켜본 노태우도 엄청난 정치자금을 비자금으로 챙겨두었다.

두 사람이 열심히 모금한 돈이 전두환은 9,500억 원, 노태우는 5,000억 원이었다.(김영삼 정부 시절, 검찰 발표) 노태우가 김영삼에게 대통령 선거자금으로 쓰라고 준 돈만 3,000억 원(노태우 증언)이었으니 비자금 규모가 어땠는지, 가히 짐작하고도 남는다.

"새우가 고래를 삼켰다"고 하는 SK의 유공 인수와 "황금알을 낳는 거위"라고 불린 이동통신사업자 선정에 SK가 과실을 따낸 것은 정경유착이 아니면 설명하기 힘든 일이었다.

정경유착으로

재벌 반열에 오른 SK

박근혜 대통령은 2015년 8월,

후보 때부터 지속해서 주장해왔던 "재벌들 사면(赦免)은 없다."는
기조를 깨고 회삿돈 460억 원을 빼돌린 혐의로 구속·수감 중이던
SK 최태원 회장을 사면 복권했다. "경제가 어려우니 빨리 출소하여
경제 활성화를 시켜 달라"는 뜻이었을 것이다.

재벌을 사면해주면 어려운 한국경제가 살아난다고 믿는 바보
같은 인간들이 아직도 청와대에 존재한다는 게 신기한 일이지만,
어찌 됐든 최태원은 이명박 정부에 이어 두 번째로 사면 혜택을 받
았다.(2008년 5월, 분식회계, 부당거래 혐의로 징역 3년에 집행유예 5년을
선고받았지만, 석 달 뒤 8·15 특별사면을 받았다.)

그로부터 넉 달 뒤, 최태원은 정부가 바라던 경제 활성화나 고용 창출, 연구개발(R&D)이 아닌 내연녀와 혼외자, 이혼 문제로 여론의 집중을 받았다. SK의 기업이미지는 수직으로 떨어지고 주가는 내려갔다.

여론의 향배는 과연 최태원 회장의 아내인 노소영 관장이 이혼에 합의할 것인가에 집중됐다. 이혼한다면 재산분배가 일어날 텐데, 노소영에게 재산의 절반 정도를 주어야 한다는 것이다. 그러면 SK의 지배구조 자체가 흔들리게 된다.

그럼 왜 사람들은 최태원이 이혼하면 노소영에게 그가 가진 재산의 절반을 주어야 한다고 생각할까? SK를 지금 한국 굴지의 재벌로 만들어준, 석유산업과 이동통신 사업이 노소영의 아버지인 노태우가 없었다면 불가능했기 때문이리라.

SK에너지의 전신인 유공, 1980년 12월 23일, 선경은 걸프 사가 갖고 있던 유공주식 50%를 인수하면서 단숨에 5대 재벌 반열에 뛰어오른다. 한데 당시 선경의 유공 인수는 "고래가 새우를 잡아먹은 격"이라며 논란이 분분했다.

실제로 유공은 걸프가 경영에서 물러나기 직전인 1979년, 세계 500대 기업 중, 165위에 자리매김했을 만큼 한국에서 가장 큰 기업에 속했고, 이를 인수한 선경은 한국에서 10대 기업 밖에 머물고 있을 정도로 규모가 작았다. 매출액에서도 유공은 1조5,000억 원으로 선경의 10배나 넘었다.

황금알을 낳는 거위를 잡으려고 당시 한국의 최대 재벌들은 유공인수에 사활을 걸고 있었다. 현대, 대한항공, 효성, 동아건설, 삼성 등이 인수전에 뛰어들었지만, 최후의 승자는 이 기업군 중에서 가장 규모가 작았던 선경이었다. 심지어 선경은 유공을 인수할 자금도 없었다. 그런데도 낙찰을 받았다. 어떻게? 다음은 1980년 당시 동력자원부 차관이던 최동규의 증언.

80년 유공의 민영화는 정치적으로 결정됐으며, 그 배후에는 노태우 당시 보안사령관이 있었다. 94년 전두환 전 대통령과 골프를 치면서 유공 민영화 과정에 대해 대화를 나누었는데, 전 전 대통령이 "그때 유공을 선경에 넘기도록 한 사람은 보안사령관이었던 노태우야. 나도 잘 몰랐어"라고 말했다.

또 다른 장면 하나. 1980년 8월, 서울 종로구 소격동 국군보안사령부 회의실. 참석자는 전두환 보안사령관, 노태우 수경사령관, 허화평 보안사령관 비서실장, 허삼수, 권정달, 안병호였다. 안병호가 전두환에게 건의한다.

안병호 사령관님, 삼성이 유공을 가져가면 안 되지 싶습니다.
전두환 그건 삼성이 가져가기로 얘기 끝난 것 아닌가? 얼마 안 있다 발표한다고 들었는데, 갑자기 무슨 소리야?
안병호 선경이 가져가는 게 맞겠습니다. 최규하 대통령이 5월, 사우디까지 날아갔다 왔는데, 다른 나라에서 기름을 받으면 문제가 되지 않

겠습니까? 선경은 사우디에서, 삼성은 멕시코에서 기름을 받을 예정이
랍니다. 최종현 씨(SK 회장) 얘기를 들어보니까, 사우디는 우리한테 안
정적으로 기름을 준다고 약속을 했답니다. 외교적으로나 국익 차원에
서나 기름을 안정적으로 받는 차원에서 삼성보다 선경이 좋겠습니다.

전두환　　안병호 말이 맞네. 장관 불러서 선경에 주라고 해.

• 〈월간조선〉 2010년 3월 호

이렇게 해서 삼성으로 가려고 했던 유공은 선경으로 넘어왔다.
저 대화에서 전두환에게 유공은 삼성이 아닌, 선경으로 와야 한다
고 주장했던 안병호는 노태우 수경사령관의 비서실장이었다. 물론,
선경은 선경이 유공을 인수할 수 있었던 것은 정치적 이유 없이 원
유 확보에서 경쟁기업보다 앞섰기 때문이라고 주장한다. 최대 경쟁
업체였던 삼성도 그렇게 생각할까? 전직 삼성 간부 출신의 증언을
들어보자.

선경이 유공을 인수한 데는 사우디아라비아로부터 하루 5만 배럴의
원유를 확보할 수 있었던 것이 가장 큰 장점으로 작용했지만, 그것
도 따지고 보면 일본 이토추상사의 힘을 빌린 것이었습니다. 그러나
삼성도 말레이시아로부터 하루 1만5,000배럴을 확보했으며 자금
력이나 조직력 등 종합적인 인수조건을 볼 때, 삼성을 능가할 기업
은 없었습니다. 또 산유국은 유공을 인수하는 기업에 원유를 줄 수
밖에 없습니다. 따라서 사전 원유확보 여부는 유공인수의 결정적인

요인은 되지 못했습니다. 우리 삼성이 보기로는 신군부에 대한 로비가 결정적이었으며 나름대로의 확신도 있었습니다.

• 《이건희 스토리》 이경식 저

SK가 인수한 두 번째 공기업은 한국이동통신이다. 이때는 노태우 정권 때였고 최태원과 노소영은 이미 결혼한 사이였다. 선경이 이동통신사업자로 선정되자 당시에도 재벌 특혜라는 말이 세간에 쉴 없이 떠돌았다. 선경은 이동통신사업자 선정에 이어 태평양증권까지 인수하면서,(매각대금이 1,000억 원에서 3,000억 원 정도 한다던 태평양증권을 SK는 단돈 56억 원에 인수했다) 노태우 정부에서 승승장구했다.

IMF 사태의 전주곡을 울렸던 '한보 사태'의 장본인 정태수, 노태우가 한보와 정태수에게 뇌물을 받고 한보를 키워주지 않았다면 '한보 사태'란 애초에 있을 수도 없었다.

정경유착은 나라 기강을 흔들고 권력에 절실한 도덕성을 좀먹으며 재벌 몸집을 비정상적으로 불리는 동시에 기업 경쟁력을 떨어뜨린다. 종국에는 국가 경제에 심각한 타격을 주고 사회 전반에 불신, 부정의, 불합리, 정치혐오 등을 부추겨 국가발전에 심대한 해를 끼치는 것이다. 이종남은 그의 책 《재벌 : 경제성장의 필요선인가 필요악인가》에서 정경유착에 의한 재벌의 폐해를 다음과 같이 지적했다.

1. 정치권력과 유착으로 특혜와 비호 속에서 자랐으므로 정치권력에 약하며 정치자금 제공 등의 경영 외적 비용 부담으로 원가 가중을 초래, 소비자의 희생을 강요하는 것이 됐다.

2. 정치권력의 유착 여하에 따라 운명이 좌우되므로 정치권력의 눈치 나 특혜만을 살피게 되니 부정부패의 온상이 될 수 있었다.

3. 독립적 자주성이 없으니 스스로 경영 합리화나 기술 개발 등 적극 성이 결여됐다.

4. 자본 형성 과정에서부터 조세감면, 관세 특혜와 공정거래 제한조치 의 독과점체제를 구축하여 왔으므로, 보호구역 내의 온상에서 자란 것이 되어 대내외적으로 허약체질이라 할 수 있다.

5. 기본적 법률, 규범적 규정인 제도적 장치 등은 물론 긴급명령/특별 조치 같은 것도 외면하는 특권적 폭군 존재가 됐으며 그 위력은 하 청사업체나 관련 업체에 극심한 횡포를 부려도 속수무책이었다.

6. 절대 권력을 등에 업어 공룡화되어 약육강식의 합병/인수/흡수/불 하 등으로 문어발 백화점식 나열 족벌은 됐으나 세계적인 전문 대 기업은 없었다.

7. 금융의 제도적 중립성/공익성을 무시하고 심지어는 규정 등을 개 악하면서까지 집중 대출을 받으면서도 외형 확충에만 치중하여 세 계적으로 가장 높은 빚더미 위에 올라있는 허약체질이 됐으며 때에 따라서는 정부의 위급 구제금융 없이는 연명할 수 없는 것이 됐다.

8. 국제적 하청 격인 차관에 의존하여 왔으므로 국제적 원자재 파동, 금리 파동 등이 기침만 있어도 중병을 앓는 빈약 체질이었다.

9. 정상적인 경영 합리화보다 경영 외적인 땅의 투기, 차관금리 혜택, 고리 사채 등으로 일확천금적 치부 수단을 택하는 바가 많았다.

10. 치부, 축재한 재(財)를 완전 절대 사유물로 인식하고 철두철미한 폐 쇄적인 가족경영으로 독점하여 왔고, 그것을 또한 독점, 자손들에

게 폐쇄적으로 승계시키고 있다.

11. 재벌의 출발과 성장과정이 오로지 정치권력에 의존하여 왔음으로 오직 정치권력에만 책임 의무를 다할 뿐 국가/사회/국민에게 대해서는 완전 무시하고 책임의무를 느끼기조차 하지 않으니 경제윤리, 도덕, 사회적 책임 같은 것은 저버렸으므로 국민으로부터는 추한 기업, 추잡한 기업인으로 지탄받게 됐다.

4장

초등학생도 알 걸?
재벌,
네 가지만 지켜라

그만큼 했으면 많이 먹었다. 부동산 투기는 그만하자

노동자의 삶이 나아져야 재벌들의 이익도 늘어난다

번 만큼 세금 내라

체급에 맞는 선수들과 싸워라

소유와 경영을 분리하라

그만큼 했으면 많이 먹었다

부동산 투기는 그만하자

군사정권 아래에서 재벌은 연구개발(R&D) 투자나 고용창출을 통한 재성장을 시도하지 않았다. 아니, 애초 그럴 필요성을 느끼지 못했다. 시설이나 설비에 투자할 돈을 부동산에 박아두기만 하면 손쉽게 훨씬 큰 이득을 볼 수 있는데, 뭣 하러 당장 효과도 없는 미래를 위해 투자를 하겠는가!

정부조차 그쪽에 관심을 두지 않았으니, 재벌들이야 말해 뭣하나. 기업은 정치권에 늘 제공되는 뇌물을 바탕으로 개발 정보를 미리 얻어, 사무실, 공장 등을 건설할 때, '생산의 최적화'보다는 '투기의 최적화' 다시 말해, 땅값이 오를 만한 곳을 선점해 기반시설들을 지었다. 이러니 땀 흘려 일하는 사람만 바보 취급당하고 부동산으로 한 몫 잡는 것이 현명한 투자라는 인식이 사회 전반에 깔리게 된 것이다. 투기로 얻은 불로소득은 양극화와 소득 불평등 문제로 번져갔다.

아래 표의 지가(地價) 동향과 불로소득/생산소득 비율을 살펴보면 박정희 정권에서 지가는 100배 이상, 생산소득 대비 불로소득 비율은 무려 248.8%를 기록한 사실을 알 수 있다. 근로나 노동을 통해 얻은 소득을 100이라고 했을 때 땅값 상승으로 인한 소득은 이보다 2.5배가량 많았다는 의미다. 이런 나라에서 그 누가 노동을 신성시하겠으며 땀 흘리는 것을 미덕으로 보겠는가? 이런 사회를 제대로 된 사회라고 할 수 있겠나?(한국투명성기구가 2012년 7월부터 4개월 동안 한국인 15~30세의 청년층 1,031명, 31세 이상 장년층 981명을 대상으로 '청렴성 조사'를 실시했는데, 그 내용이 가히 충격적이다.

이 조사에 따르면 "부자가 되는 것과 정직하게 사는 것 중 어느 것이 더 중요한가?"라는 질문에 15~30세의 젊은 세대 중 무려 40.1%가 "정직하게 사는 것보다 부자로 사는 것이 더 중요하다."고 답했다. 이는 31세 이상의 장년층이 답한 30.1%보다 무려 10%나 높은 수치다.

또 다른 질문인 "거짓말을 하거나 부패를 저지르는 사람과 그러지 않는 사람 중 인생에서 더 성공할 사람은 누구인가?"라는 문항에는 15~30세의 51.9%, 31세 이상의 40.7%가 거짓말하거나 부패한 사람을 꼽았다.

이 조사가 충격적인 것은 인생의 모든 희로애락을 경험하고 온갖 풍파와 산전수전을 다 겪은 장년층보다 젊은 세대의 청렴도에 대한 인식이 더 낮았다는 데 있다. 미래를 책임질 젊은 세대가 어떻게 이렇게 불법과 부도덕에 둔감하고 권력이나 돈에 민감한 반응을 보이는가? 그들이 책임질 대한민국의 미래는 어떻게 그려질 것인지, 이 세대가 장년층이 되어 아이를 낳고 기르면 또 그네들의 자식에게는 어떻게 교육할 것인지 공포가 엄습해온다.

정의와 도덕이 승리하는 사회가 아니라 기회주의 처신에 의한 나만 잘살면 된다는 이기적인 '성공 이데올로기'만 가르칠 것을 생각하니, 씁쓸한 마음을 금할 길이 없다. 불로소득으로 인한 소득 불평등은 이렇게 젊은 층에까지 부도덕과 반칙이 승리한다는 잘못된 명제를 심어 주었다.)

재벌들이 돈만 생기면 이렇게 앞장서 부동산 투기를 하면서 지가를 상승시켰으니, 그 폐해가 점점 쌓여, 지금은 정상적으로는 도저히 내가 누울 집 한 칸을 마련할 수 없는 비정상적인 사회가 돼 버렸다. 사회문제로까지 번져 더는 손을 쓸 수도 없는 경제의 불평등은 이렇듯 박정희, 전두환 정권 등 군사정권에서 키운 지가와 물가폭등에 기인했고 이런 과실들은 기득권 세력들, 특히 재벌들이 거의 다 독식했다.

그만큼 불로소득을 챙겼으면 이제라도 부동산 투기는 그만해야 한다. 한데 아직도 재벌들의 부동산 투기는 그칠 줄을 모른다. 땅만 사면 자산이 증가하는 '부동산 불패의 신화'는 이제 끝이 났다. 이제부터라도 재벌은 부동산을 통해 번 돈을 기업의 건실한 확장과 고용창출에 투자해야 한다. 그래야지만 글로벌 시장에서 경쟁력을 갖추고 독자생존을 할 수가 있다.

영업사정이 좋지 않았던 한미약품은 2000년대 이후, 연구개

정권	기간	정권 초기 전국 지가총액	정권 말기 전국 지가총액	지가 상승 불로소득	연평균 지가 상승률	지가총액 / 국내총생산 비율(배)	불로소득 / 생산소득 비율(%)	경제 성장률 (%)
이승만	1953~1960	0.176	0.690	0.514	21.6	3.1	43.2	4.7
박정희	1963~1979	3	329	326	33.1	12.0	248.8	9.1
전두환	1980~1987	367	735	368	14.9	7.2	67.9	8.7
노태우	1987~1992	735	1661	926	17.7	7.3	96.3	8.3
김영삼	1992~1997	1661	1558	−103	−1.2	4.1	−5.2	7.1
김대중	1997~2002	1558	1540	−18	−0.6	2.5	−0.6	4.2
노무현	2002~2006	1540	1834	294	4.5	2.2	9.3.	4.2

• 자료출처: KOSIS

1987년과 1989년 사이 노동자들의 임금총액이 17조 원 증가한 사이, 상위 5%의 불로소득은 139조 원이나 증가했다. 이 시기에 삼성은 85~88년 동안 기업투자 2,388억 원의 약 4배인 1조 원 상당의 부동산을 매입했고, 롯데는 기업투자 1,168억 원의 5배인 6,000억 원 상당의 부동산을 매입했다.(《재벌을 위해 당신이 희생한 15가지》, 최용섭 저)

발(R&D) 분야에만 총 9,000억 원이 넘는 돈을 쏟아 부었다. 특히 2014년에는 연구개발에 국내 제약사 중 가장 많은 1,300억 원을 투자했다. 그해에는 영업 손실을 기록하기까지 했다.

그러나 한미약품은 이듬해 미국 안과 전문 벤처기업인 알레그로와 총 2,000만 달러(217억 원)의 투자계약을 맺고 또 한 번 공격적인 투자를 한다. 당장 눈앞의 이익보다는 먼 미래를 내다보는 투자였다.

한미약품은 2015년, 한국 제약 사상 최대인 총 4조8,000억 원 규모의 신약(新藥) 기술 수출에 성공했다. 주가도 당연히 회사 설립 이후, 최대 폭으로 뛰었다. 한미사이언스의 주가는 2015년 1월 2일 1만5,200원에서 같은 해, 11월 6일에는 17만8,000원으로 1,071% 오르고 같은 기간 한미약품 주가도 10만1,000원에서 71만1,000원으로 604% 상승했다.

노동자의 삶이 나아져야

재벌들의 이익도 늘어난다

그리스 국가부도 여파가 스페인,
이탈리아까지 번지며 유럽 전반에 심각한 경제적 타격을 주었
다. 그러나 그 와중에도 독일과 프랑스는 탄탄한 재정을 바탕으로
타 국가에 경제적 지원까지 했다. 왜 이런 차이가 발생했을까? 가장
큰 이유는 두 나라의 노동정책에 있다.

독일은 청년실업의 심각함을 일찍이 깨닫고 이들이 자립할 수
있게 다양한 정책을 내어놓았다. 취업하지 않아도 매달 20여만 원
정도의 수당을 지급하고, 취업에 실패한 청년들에게는 다시 일어설
수 있도록 취업 장려금을 지급했으며, 취업을 위해 직업학교나 연
수를 받는 사람에게도 훈련수당을 지급했다. 적극적인 일자리 정책

으로 미래세대가 사회진출 초기 단계에서 좌절하거나 도태되는 것을 막은 것이다. 이를 위해서는 당연히 기업들의 협조가 절실했다.

독일 정부는 직업고등학교 학생들에게 훈련 일자리를 제공하지 않는 기업체에 직업훈련 일자리 확보를 위한 세금(Ausbildungsplatzabgabe)까지 물리는 강력한 정책을 시행했다. 마침내 일자리 선순환 구조가 탄생했다.

기업도 이에 호응했다. 노조와 협의해 파견근로 등 비정규직에 대한 차별을 억제하는 데 힘을 보탰다. 실제로 2008년 금융위기 직전까지 독일 자동차 산업엔 10만 명 정도의 비정규직 노동자가 있었지만,(자동차 산업 노동자는 총 70만 명) 노사협약으로 이를 획기적으로 개선해 비정규직 노동자 수의 비율을 한 자릿수로 대폭 감소시켰다.

그 결과는 어떻게 되었나? 노동참여 인구가 증가했고, 불안한 고용이 사라졌으며, 노동자의 삶이 윤택해지자 국민소득도 늘어나고 기업들의 이익도 덩달아 증가했다.

프랑스도 마찬가지다. 프랑스는 구직활동과 직업교육 참여를 약속한 18~26세 청년들에게 월 452유로(약 57만 원)의 보조금을 지급하는 '청년보장제도'를 시행했다. 더 나아가 공공영역에서 일자리를 만들어내기 위해 정부가 주도적으로 나서서 일자리 창출정책을 폈다.

대통령이 신년사에서 "고용을 최우선 목표이자 정책과제로 삼을 것"이라고 이야기할 정도로 고용과 그에 따른 실질소득을 부의 재분배와 국가성장의 원동력으로 보고 있는 곳이 프랑스다.

물론, 대한민국 대통령도 '일자리 창출'을 강조하긴 한다. 그러나 계획도 비전도 없으며 의지도 없다. 당장 서울시와 성남시에서 주도한 '청년수당정책'을 두고 "빨갱이 정책"이네 "포퓰리즘"이네 하는 딱지를 붙여 복지부가 주도적으로 나서 이 정책을 시행하지 못하게 방해한 것이 박근혜 정부다.

미국과 일본이 왜, 최저임금을 높이고 임금노동자의 급여를 올리는지 그 이유를 전혀 이해하지 못하고 있다. 그러면서 말로만 취업률을 높이고 국가경쟁력을 회복한다고 떠들어 댄다. 도대체 어떤 방법으로 한다는 말인가?

대통령의 아버지였던 박정희가 과거에 했던 '마른 수건 짜내기', 미성년 여공들에게 하루 14시간씩, 휴일도 없이 일을 시키며 최저임금조차 못 받아가게 했던 그 방법으로 나라를 발전시키고 기업경쟁력을 강화하겠다는 말인가?

박근혜 대통령은 대통령 선거 공약으로 '고용률 70% 달성'을 이야기했고 이를 위해 "시간제도 좋은 일자리"라면서 네덜란드의 '바세나르 협약'을 본보기로 제시하기도 했다. 새누리당 대표 김무성도 "네덜란드는 근로자의 임금인상 억제와 노동시장 유연성 확대, 공무원의 봉급 삭감, 국민의 복지혜택 축소 등 경제주체 간에 철저한 고통분담으로 국가경쟁력을 다시 높였다."며 네덜란드를 본받아야 한다고 했다. 그러나 이는 아전인수식 해석이다.

네덜란드병을 치유해 네덜란드의 기적을 이루었다고 평가받는 노사 대타협이 바세나르다. 이 협약은 박근혜나 김무성이 말하는 것처럼 파트 타임(시간제) 일자리 확대, 봉급 삭감, 복지혜택 축소, 노동시장 유연성 확대가 핵심이 아니다. 일자리 나누기, 여성 근로자 증가, 기업의 노동시간 단축, 정규직 보장이 바세나르의 본질이다.

네덜란드 시간제 노동자들은 비정규직이 아니다. 일은 파트 타임으로 해도 시간당 임금, 보너스, 휴가, 복지 등 모든 것이 정규직과 같다. 그래서 경력 단절 여성이나 육아 중인 주부들도 파트 타임으로 일할 수 있고 노동시간 단축으로 여가가 보장돼 '저녁이 있는 삶'이 가능해지므로 일자리 나누기로 기존 고임금 노동자가 임금인상을 억제하는 데에 동의한 것이다.(정부는 실질소득이 떨어지지 않게 세금감면 등을 통해 임금을 보장해 주었다.)

정부는 이런 것들은 다 생략하고 파트 타임 일자리 확대와 임금 단축을 바세나르 협약의 최대장점으로 꼽고 있으니, 정부의 노동정책 인식 수준이 떨어져도 이렇게 떨어질 수가 없다. 21세기 최첨단 전쟁터에서 돌도끼와 돌화살로 싸우자고 나서는 꼴이다.

정부가 이런 구시대적인 사고방식으로 '기업프렌들리(친기업) 정책'을 펴내는 가장 큰 이유는 대한민국 재벌이 이를 원하고 있기 때문이다.

한국의 재벌은 1960~1980년대 정부가 주창한 수출제일주의에 맞춰서 내수보다는 수출에 모든 역량을 집중했다. 국제시장에서 다른 나라와의 경쟁력은 제품의 질이 아니라 임금 후려치기로 인한 원가절감에 바탕을 두었다. 그래서일까, 아직도 노동자들의 피를 달콤한 과실로 여기고 있는 듯하다.

그러나 수출로 먹고사는 시대는 끝났다. 또 노동자들의 피를 바탕으로 경쟁력을 높이는 데는 한계가 있다는 점도 이미 입증이 됐다.

노동생산성이 떨어지는데 어떻게 질 좋은 제품을 생산해 낼 수 있으며 노동자들의 삶의 질이 바닥인데 어떻게 내수시장을 활성화할 수 있다는 말인가? 옆집에 사는 철수도 잘살고 앞집에 영희도 잘살아야 나도 잘사는 거다.

질 좋은 일자리와 생활 가능한 임금을 통해 노동자들의 삶이 윤택해져야 기업이 생산력이 높아진다. 이를 토대로 노동자들은 기업 제품을 구매해 기업의 경쟁력을 높이고 기업은 이렇게 쌓인 자산을 연구개발에 투자해 더 좋은 제품을 내놓는 경제의 선순환 구조를 유지해야만 국가도 국민도 기업도 살아남는 것이다.

그러나 아직도 우리 재벌들은 더 싼 인건비를 찾아다니며 외국에 공장을 짓고 납품업체의 목을 쥐어짜내며 정규직은 줄이고 비정규직은 늘리는 방법을 택하고 있다. 먼 미래가 아니라 작금의 이익에만 혈안이 되어 있는 탓이다. 낙수효과는 거짓말이라는 경험칙이 어떻게 이 나라에서만 통용되지 않고 있는지 모르겠다. IMF 사태가 어떻게 해서 왔는지, 한국의 재벌은 실패를 통한 교훈이란 것이 없다.

번 만큼

세금 내라

1959년 미국의 한국 전문가들이 작성해,

미국 상원외교위원회에 제출한 〈콜론 보고서〉는 한국의 미래를
다음과 같이 예측했다.

젊은 사람들은 희망을 잃고 부자는 점점 부자가 되고 가난한 사람들
은 점점 가난해지고, 또 양심이라는 것을 지키는 사람은 전부 소외
되거나 배척되고 목적을 위해 수단이나 방법을 가리지 않는 자들만
이 출세하는 사회이기 때문에 머지않아 한국사회는 심각한 상황이
벌어질 것이다.

〈콜론 보고서〉처럼 한국 사회는 이미 심각한 상황이다. 오이시디(OECD) 국가 중 자살률 1위로, "자살 공화국"이라 불려도 어색하지 않은 것이 작금의 현실이다.

2012년 조사에 의하면 우리나라 전체 사망자 중, 스스로 목숨을 끊은 사람은 1만4,160명으로 전체 사망 비율에서 28.1%나 차지했다. 37분당 한 명꼴로 스스로 목숨을 끊은 것이다. 이 중 20%는 경제적 이유로 생활고에 시달려, 살아가기가 힘이 들어, 희망이 없어서 그렇게 비극적인 최후를 선택한 경우다. 그러나 더 큰 문제는 자살사망률의 숫자가 점점 늘어나고 있다는 점이다.

한국보건사회연구원에 따르면 2000~2010년 한국의 자살 사망률은 101.8% 증가했다. 같은 기간에 오이시디 회원국인 에스토니아(-42.8%) 스페인(-22.2%) 독일(-15.6%) 일본(-4.9%) 등의 나라에서 자살 사망률이 마이너스로 기록된 것과는 뚜렷이 대비된다.

왜 유독 한국만 자살률이 이처럼 급증하고 있는가? 급격한 경제성장에 따른 빈부의 격차, 상대적 박탈감에서 오는 불만, 노령사회로 갑자기 접어들면서 나타나는 노인 인구의 사회적 고립, 사회적으로 보호받지 못하는 취약계층을 내버려두는 부실한 사회안전망 때문이다.

다른 게 아니라 '경제적 문제' 탓에 자살을 택하는 것은 국가가 충분히 예방할 수 있다. "소득 있는 곳에 세금 있다"는 명제만 잘 따르고 재벌에서 혹은 소득이 많은 사람에게서 걷은 세금을 안전사각지대에 놓인 저소득층을 위해 복지예산으로 쓴다면 지금보다 자살률을 충분히 낮출 수 있다.

그러나 선거 때만 복지를 외치고 당선되면 "예산이 없다"는 이유로 나 몰라라 하며 시민단체나 국민 개개인에게 기부를 호소하는 지금과 같은 복지 체계로는 벼랑 끝으로 내몰리고 있는 사회적 약자들을 보호할 수가 없다.

사회에 경각심을 일으킨 '세 모녀 자살사건'(2014년)도 마찬가지다. 그들을 자살로 몰고 간 실질적 부양능력이 있는 가장은 존재하지 않았다. 그러나 현 제도인 국민기초생활보장법의 '부양의무자 기준 조항' 때문에 그들은 법의 보호를 받지 못했다.

부조리와 불합리가 비단 세 모녀에게만 국한되지는 않을 것이다. 평생을 아들과 연락하지 못하고 사는 독거 노인이 서류에 장성한 아들이 있다는 이유만으로 기초생활수급을 받지 못하는 등 우리 주위에 이런 사연들은 차고 넘친다. 그렇다면 국가가 나서서 그들이 자립할 수 있게 도와줘야 한다. 그것이 국가가 존재하는 이유이고 의무다. 이런 문제점을 찾아 국민이 언제 어디서나 발 뻗고 편히 잘 수 있도록 해달라고 국회의원이나 지자체장 그리고 대통령을 뽑는 것이다.

기업에 법인세 깎아 줄 생각하지 말고 "돈 있는 곳에 세금 있다."는 명제를 좇아 돈 많이 버는 사람에게 세금 많이 부과하여 그들이 사회로부터 받은 혜택을 돌려주게 하면 된다. 그것이 '노블레스 오블리주'이고 더불어 사는 사회의 기본이다.

이 나라 재벌들이 어떻게 부를 축적했나? "파이를 키워야지만 나눠 먹고살 게 있다."는 거짓말로 보통 사람들을 현혹해 저임금에 가혹한 노동을 강요하고 '수출 제일론'을 내세워 온갖 특혜를 1% 특권층에게 몰아줘서 그들만의 리그로 만들지 않았나. 세계 어느 나라 부럽지 않은 경제 대국 건설은 민중의 피폐해진 삶 위에서 닦은 것 아닌가.

이제는 사회적으로 길거리에 내쫓기는 약자들을 돌아볼 때가 됐다. 사회적 약자들이 최소한의 인간다운 삶을 영위할 수 있는 사회 안전망을 구축해야 한다. 복지는 시혜가 아니라 인권이라는 당연한 명제가 자연스레 통용되는 사회, 그런 사회가 건강한 사회다.

친기업을 내세운 이명박 정부를 이어 집권한 박근혜 정부에서도 친재벌 정책은 여전하다. 세금 문제도 마찬가지다. 소득세 같은 직접세를 높여야지만 국가재정도 확충되고 그를 바탕으로 복지세수도 늘어날 텐데, 이 정부는 재벌들 눈치나 보며 법인세는 깎아주고 국민적 반발이 적은 간접세의 비중은 늘리고 있다.

어떤 물건이나 다 10%씩 내어야 하는 부가가치세를 기본으로 술에 붙는 주세, 휘발유에 붙는 교통세, 에너지세, 환경세, 담배에 붙는 5~6종의 각종 세금, 여기에다 개별소비세, 방위세, 교육세 등등 국민이 세금이라고 잘 알기 어려운 간접세를 정부의 주요 수입으로 책정하고 있다.

간접세 비중이 늘어나면 부자나 가난한 자나 똑같은 세금을 낼수밖에 없게 돼 조세 형평성, 소득재분배 같은 정의는 먼 나라 이야기가 되고, 있는 자는 더욱 부자가 가난한 자는 더욱 빈자가 될 수밖에 없다.

아래 표에서 보듯이 한국은 지난 몇 년간 간접세의 비중이 직접세를 앞지른 적도 있었을 만큼 간접세 비중이 세계 최고 수준이다. 미국의 직접세 대비 간접세 비율인 10%대는 고사하고 오이시디(OECD) 평균인 30%대도 훨씬 넘는다.

연도＼세금	직접세	간접세
2007년	51.7%	48.3%
2008년	50.7%	49.3%
2009년	48.1%	51.9%
2010년	46.9%	53.1%
2011년	50.3%	49.7%
2012년	50.3%	49.7%

• 직접세와 간접세 비율, 자료 : 국세청

국가	한국	영국	이탈리아	캐나다	독일	프랑스	미국	일본
법인세율	24.2	26	27.5	27.6	30.2	34.4	39.2	39.5

• OECD, 2102년(단위 %)

이뿐인가? 2014년을 기준으로, 한국의 국내총생산(GDP) 대비 사회복지지출 비중은 10.4%로 오이시디 조사대상국 28개 중 꼴찌였다. 오이시디 평균(21.6%)의 절반도 안 된다. 이렇게 간접세 수입은 세계 최고, 복지 지출은 세계 꼴찌 수준이다 보니, 조세를 통한 소득재분배 효과는 공허한 메아리가 될 수밖에 없다.

상황이 이런데도 정부는 법인세를 비롯한 직접세는 올리지 못하고 "복지 과잉으로 가면 국민이 나태해진다"며 사실을 호도하고 더 나아가서 국민을 협박하고 있으니, 이 정부가 누구를 위한 정부인지 묻지 않을 수 없다.

체급에 맞는 선수들과

싸워라

대한민국의 대부분 국민은

아침에 눈 떠서 밤에 잠들 때까지 재벌들이 만든 물건(제품) 속에서 삶을 영유한다. 눈 비비며 이를 닦고 세수할 때도, 아침밥을 먹을 때도, 자가용이나 대중교통을 이용할 때도 재벌에서 만든 물건과 이동수단을 쓰고, 회사나 학교에서 사용하는 사무기구, 학용품, 전자제품들도 모두 재벌이 만든다.

점심땐 재벌이 차린 식당에서 밥을 먹고, 디저트로는 재벌 계열사의 프랜차이즈에 가서 차나 커피를 마신다. 우리 주위에는 온통 재벌들 상품밖에 보이지 않는다. 정상적 경제구조라고는 볼 수 없다. 문어발 확장, 일감 몰아주기, 내부거래, 하청회사 쥐어짜기, 아이디어 가로채기 등 온갖 방법을 동원해 재벌은 제 배를 불렸다.

1980년대 노조활동이 활발해지고 그들의 임금상승 요구가 거세지자 우리 재벌은 하청을 이용한 인건비 절약에 나서며 그들을 쥐어짰다. 또 임기 말, 안 좋은 경제사정으로 코너에 몰린 김영삼 정부를 압박해 1996년 크리스마스 날, 최악의 노동법을 날치기로 통과시키게 했다. 이 법으로 그전까지 존재하지 않았던 정리해고와 파견제도가 생겨났다.

노동법 날치기 전에는 고용주가 피고용인을 해고할 수 있는 요건은 '징계해고'밖에 없었다. 즉, 노동자 개인의 현격한 잘못이 있을 때만 해고할 수 있고 그 외에는 정당한 사유 없이 사람을 함부로 자를 수 없었다. 그러나 이 근로기준법이 마음에 들지 않았던 재계는 김영삼 정부를 압박했고 마침내 정리해고와 파견제도라는 달콤한 과실을 얻어냈다.

이제 회사 사정이 좋지 않다는 핑계로 마음껏 노동자들을 해고할 수 있는, 그것도 한꺼번에 정리할 방법이 생긴 것이다. 그로부터 20년이 지나 박근혜 정부는 다시 한 번 재벌에 서슬 퍼런 칼을 선물했다.

1996년 노동법 날치기 통과 이후, 근로자를 해고할 때는 징계해고와 정리해고, 두 가지만 가능했었는데 한 가지를 더 신설하려고 발 벗고 나섰다. 이름하여 일반해고, 즉 저성과자 해고다. 이젠 언제 어디서나 고용주가 피고용인을 자를 방법이 생겼다.

말이 좋아 저성과자 해고지, 이걸 어떻게 개량한다는 말인가?

이현령비현령이 될 수밖에 없다. 1996년 노동법 파동 이후, 1년 만에 IMF 사태를 맞았던 혹독한 과거를 재벌과 정부는 벌써 잊은 모양이다. 대체 전 세계 선진 어느 국가에서 노동자 인건비를 줄여 기업경쟁력을 높이려 한단 말인가?

1996년 노동법 날치기 이후에 우리 노동자들의 근무환경이 어떻게 바뀌었나? 노동자와 노동자 간에 불협화음이 생기고 이간질이 일어나고 언제 잘릴지 모른다는 불안감 속에 노동생산성은 더욱 떨어져 갔다. 불안한 고용상황 속에서 혁신, 창조, 반짝이는 아이디어, 창의성 같은 가치가 나올 수 있는가? 불가능한 일이다.

노동자들을 착취하고 한창 일할 나이의 사람들을 저성과자라고 일찍 해고하며, 중소기업인 하청업체를 쥐어짜다 보니,(삼성전자가 2009년 매출액 100조, 영업이익 10조를 달성했을 때, 이 나라 언론들은 '삼성 찬양하기'에 바빴으나 이면에는 하청업체 쥐어짜기라는 검은 그림자가 있었다. 영업이익 10조 원이나 달성한 삼성전자 사장님께서는 하청업체에 "앞으로 협력업체의 납품단가를 무조건 30%씩 더 깎고 이에 응하지 않는 업체는 무조건 퇴출시켜라"라고 지시했다.) 젊은 계층이 임금 낮은 중소기업에 취직하려 하지 않고 재벌그룹만 바라본다. 재벌기업에 입사라도 못하면 자영업으로 몰리기 일쑤다. 또, 재벌그룹에서 쫓겨난 사람들도 먹고 살아야 하니, 자영업에 뛰어든다. 한국이 전 세계에서 자영업자 수가 가장 많은 나라 군에 올라선 이유다.(한국의 자영업자 비율은 27.4%로(2013년 기준) 오이시디 평균치의 두 배에 육박한다. 한국보다 더 많은 자영업자 비율을 나타내고 있는 국가는 그리스, 터키, 멕시코인데, 이 세 나라의 공통점은 국가 경제가 내리막에 있다는 것이다. 4위인 한국 앞에 왜 저들 국가의 이름이 올라가 있는지 의미심장한 조사가 아닐 수 없다.)

안정된 직장이나 높은 임금을 주는 회사에 다닐 수만 있다면 뭣하러 밖으로 나와서 자영업에 뛰어들겠나? 당장 먹고살 길이 막막하고 별다른 재주가 없으니 자영업으로 뛰어드는 것이다. 자영업 포화상태는 이렇게 탄생했다.

문제는 이렇게 내몰린 자영업자들의 밥그릇까지 뺏으려고 덤벼드는 재벌이다. 대형마트, 편의점, 기업형 슈퍼마켓(SSM), 빵집, 식당, 커피전문점, 문구, 의류 등 재벌들은 막강한 자본력과 유통망을 통해 골목을 전부 장악했다.

재벌은 재료생산, 공급, 운반, 유통 등 전반을 도맡아 함으로써 자영업자들의 설 자리를 전부 앗아간다. 예를 들어보자. 어떤 지역에 재벌이 운영하는 대형마트가 들어선다. 그렇게 되면 그 지역 상권은 초토화된다. 일단 재래시장부터 타격을 받을 테고 그다음으로 중소상인들이 경영하는 슈퍼마켓이 문을 닫아야 한다. 그러면 재래시장이나 슈퍼마켓에 물품을 공급하던 수많은 납품업자, 대리점도 고사한다.

재래시장이나 대리점 혹은 납품업체에서 일하던 종업원들이 일자리를 잃게 되는 건 뻔한 결과다. 이들은 어디로 갈 것인가? 대형마트에서 고용하는 직원 수는 골목상권에서 퇴출당한 사람들의 숫자보다 훨씬 적다. 게다가 이렇게 번 돈을 본사로 가지고 가니, 지역 경제에도 타격이 온다. 눈앞 이득에 눈이 멀어 한국경제를 바닥에서부터 망가뜨리고 있는 것이 재벌들 민낯이다.

　동냥은 못 할망정 쪽박은 깨지 말라고 했는데, 이 나라 재벌들에게는 이런 속담도 통용되지 않는다. 타이슨과 유명우가 같은 링에 올라가 싸우면 이를 공정한 경쟁이라고 할 수 있겠나? 제발 자기 체급에 맞는 사람들과 싸우기 바란다. 그것이 재벌이 할 일이다. 땅 짚고 헤엄치기 백날 해봐야 수영 실력은 늘지 않는다는 것을 명심하기 바란다.

소유와 경영을
분리하라

땅콩 회항 사건의 조현아, 롯데가(家) 형제의 난, SK 최태원의 불륜과 혼외자, 몽고식품 회장의 갑질……. 2015년도 즈음의 사회를 시끄럽게 하면서 국민적 공분을 산 이 사건들의 공통점은 오너들의 잘못으로 해당 기업 이미지가 추락하고 더 나아가 소비자 불매운동으로까지 번져 회사에 심각한 타격을 안겼다는 것이다.

이를 두고 '오너 리스크(owner risk)'라고 부른다. 외국 투자가들이 한국에 투자할 때 가장 먼저 걱정한다고 하는 바로 그것이다. 현대자동차가 강남의 한국전력 부지를 터무니없이 비싼 가격에 샀을 때도 외국 투자 전문가나 금융전문가들은 혀를 찼다. 오너의 독단적 결정과 밀어붙이기가 아니라 민주적 결정방식이 회사에 존재했다면 저러한 결정이 나올 수 있었겠느냐는 무척이나 상식적인 의구심이다.(미국 S&P500 기업의 65%가 전문경영 체제인데 반해 한국 기업의 전문경영 체제는 채 20%가 되지 않는다.)

한국 재벌은 오너 일가에 모든 것이 집중되어 있고 임원들은 오직 그들의 입만 쳐다보면서 충성경쟁을 한다. 이렇다 보니 오너 일가가 잘못된 행동과 선택을 하면서 전횡을 부려도 이를 제어할 시스템이 전혀 작동되지 않는다. 무리한 차입경영, 문어발 확장, 과잉 중복투자를 일삼아도 이를 막을 의사구조가 그룹 내에 존재하지 않고 분식회계, 횡령, 배임 등의 범죄를 저질러도 회사 내 감사시스템은 돌아가지 않는다. 회사 외부에서도 이들을 견제하는 곳은 없다.

은행이나 관리·감독 기구인 금융감독원 등도 손을 놓고 있고, 법원과 검찰도 솜방망이 처벌로 이들의 도덕 불감증을 부추긴다. 심지어는 대통령까지 나서서 범죄를 저지른 재벌 총수에게 사면복권을 안겨주니 그들이 거침없는 행보를 보이는 건 당연한 일이다. 극소수의 지분을 가지고 계열사 간 상호출자를 통해 오너가 경영을 독점해서는 글로벌 경쟁에서 절대 살아남을 수 없다.

물론 소유와 경영을 분리한다고 기업이나 국가에 최고의 이익을 준다는 보장은 없다. 시대적 환경, 세계 경제의 흐름, 회사 내의 특수성 등을 모두 고려하여 소유경영이 적합한지 전문경영 체제가 좋은 것인지 판단해야 한다. 그러나 한국의 재벌은 오너에게 모든 것이 집중되고 오너가 모든 것을 판단하며 경영능력이 검증되지 않은 2, 3세들은 재벌가의 일원이라는 이유만으로 그룹 최고위층으로 쉽사리 올라 버린다.(재벌가 3세들이 임원으로 승진하는 데 필요한 평균 근속연수는 3.8년이었다. 일반 입사자는 19.9년) 이렇게 해서 기업경쟁력이 오르겠는가?

미국의 프라이빗뱅킹 업체인 유에스트러스트(US Trust)에서 기업 가치가 미화 200만 달러를 초과하는 기업 242곳을 조사한 결과(2008년), 가족 소유 기업이 3세대 이상 살아남은 비율은 15%에 불과했다. 또 다른 조사기관인 에프에프아이(FFI)가 조사한 바로는 가족 소유 기업이 4세대까지 가면 살아남는 비율은 고작 4%에 불과했다. 이 조사결과가 무엇을 뜻하는지 한국의 재벌 3, 4세들은 주목할 필요가 있다.

한국의 재벌은 천재적인 꼼수를 보여주는 데도 일가견이 있다. 오너들의 실수로 사회적으로 손가락질을 받으면 비난 여론을 잠재우기 위해 잠시 전문경영인 체제로 전환했다가 비난 여론이 수그러들고 경영실적이 좋아지면 슬그머니 소유경영으로 복귀한다. 전 국민이 그런 사례를 숱하게 봐온 터다. 욕심의 끝은 결국 파국이라는 것을 재벌들은 깨달아야 한다.

특히 경영능력이 검증되지 않았거나 여러 번 실패를 맛본 창업주의 아들, 손자, 손녀들은 더는 경영에 참여하지 말고 지원과 감시의 역할만 하고 경영은 전문경영인들에게 맡기는 것이 앞날을 내다보며 이기는 포석이 될 것이다.

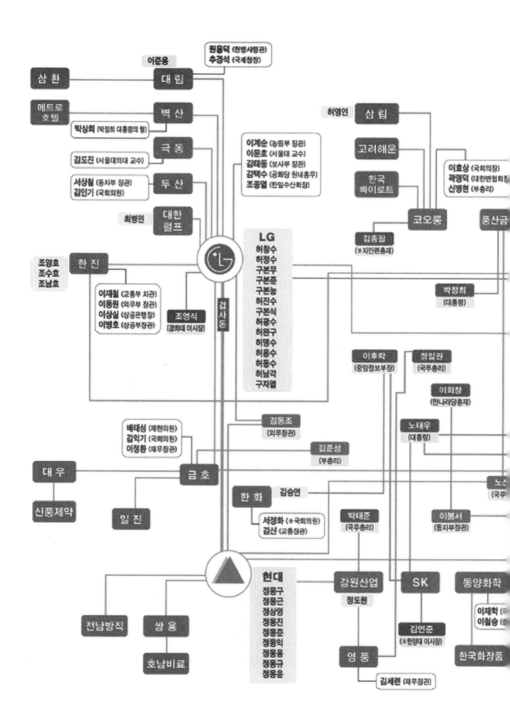

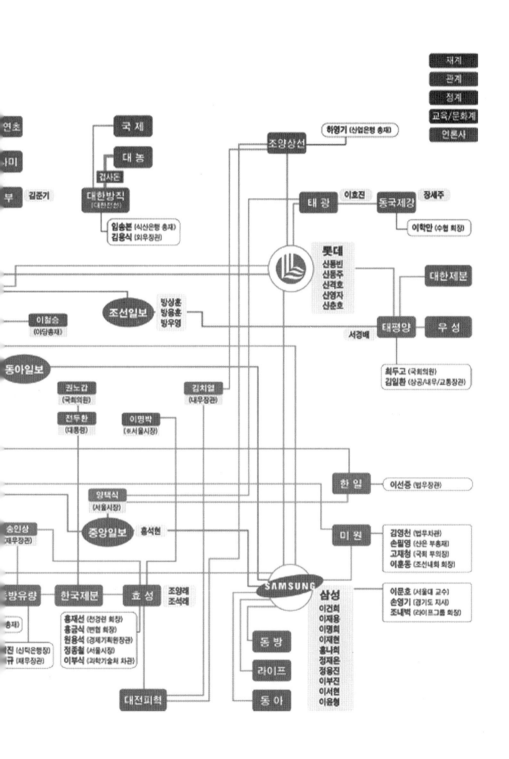

재계
관계
정계
교육/문화계
언론사

연초

국제

대농

겹사돈

대한방직
(대한전선)

부   김준기

임송본 (식산은행 총재)
김용식 (외무장관)

조양상선 ─── 하영기 (산업은행 총재)

태광 ── 이호진 ── 동국제강 ── 장세주
                              └── 이학만 (수협 회장)

롯데
신동빈
신동주
신격호
신영자
신춘호

대한제분

조선일보
방상훈
방용훈
방우영

이철승
(아담총재)

태평양   우성

서경배

최두고 (국회의원)
김일환 (상공/내무/교통장관)

동아일보

권노갑
(국회의원)

전두환
(대통령)

이명박
(후서울시장)

김치열
(내무장관)

한일 ── 이선중 (법무장관)

양택식
(서울시장)

송인상
(재무장관)

중앙일보   홍석현

미원
김영천 (법무차관)
손필영 (산은 부총재)
고재청 (국회 부의장)
이훈동 (조선내화 회장)

방유량

한국제분

효성   조양래
         조석래

SAMSUNG   삼성
이건희
이재용
이명희
이재현
홍나희
정재은
정용진
이부진
이서현
이윤형

이문호 (서울대 교수)
손영기 (경기도 지사)
조내벽 (라이프그룹 회장)

홍재선 (천경련 회장)
홍금식 (변협 회장)
원용석 (경제기획원장관)
정종철 (서울시장)
이부식 (과학기술처 차관)

총재

진 (신탁은행장)
규 (재무장관)

동방

라이프

대전피혁

동아